KB272302

멍석 코치가 펼쳐주는
진짜 코칭의 세계

연영주 지음

멍석 코치가 펼쳐주는

진짜 코칭의 세계

연영주 지음

책 한 권으로 [이론과 실무] 코칭 정복

모든 코치들의 필독서

KAC / KPC / KSC / 리얼코칭

생각나눔

PROLOGUE

　이 책이 세상 밖으로 나오기까지, 나 혼자의 힘으로는 결코 불가능했을 것이다. 코치로서 첫걸음을 내딛을 수 있도록 길을 열어주신 존경하는 교수님들, 코치로서 성장할 수 있도록 앞에서 이끌어주신 멘토 코치님들, 나의 존재를 내 자신이 생각하는 것보다 더 귀하게 인정해주신 감사한 인생의 선배님들, 그리고 같은 질문 앞에서 함께 머뭇거리고 넘어지며 다시 일어섰던 코칭의 여정을 함께 한 많은 동료 코치님들과 오랜 기간 코치로서 함께 해주고 계시는 자랑스러운 '경코스' 코치님들, 그리고 무엇보다도 나를 믿고 코치 입문 단계부터 전문코치에 이르기까지 자신의 삶을 맡겨주며 코치로서 성장의 여정을 함께 걸어준 수많은 코치님들과 고객님들이 계셨기에 이 글들은 비로소 한 권의 책이 될 수 있었다.

　이 자리를 빌려, 함께해 주신 모든 분들께 진심으로 감사의 인사를 전한다. 특히 이 책 속에 귀하게 모시고 싶었던 교수님들과 정말 소중한 선·후배 등 지인 코치님들께 추천의 글을 부탁드렸을 때, 한 치의 망설임 없이 기쁨과 축하로 응답해 주신 분들께 다시 한번 깊은 감사함을 남긴다. 그 마음들이 이 책의 첫 페이지를 열 수 있는 가장 단단한 힘이 되어주었다. 잠시 후에 펼쳐 질 많은 분들의 추천

서야말로 독자 분들께 또 하나의 울림으로 다가갈 것으로 확신한다.

이 책은 코칭을 이미 공부하고 있는 코치들만을 위한 책이 아니다. 동시에, '코칭'이라는 단어가 낯설고 아직 관심조차 가져본 적 없는 사람들에게도 이 책이 하나의 질문이 되기를 바라는 마음으로 이 글을 시작한다.'

나는 이 책을 통해 단 하나를 말하고 싶었다. 코칭은 기술이 아니라, 사람과 사람 사이에서 작동하는 하나의 '세계'라는 사실이다. 그리고 그 세계에는 겉으로 보이는 화려한 질문이나 구조 너머에, 분명히 존재하는 '진짜 코칭'의 구조와 질감이 있다는 사실이다.

나는 우연한 기회를 통해 김온양 교수님의 수업에서 처음으로 코칭을 접했다. 당시 나는 상담을 공부하고 있었고, 코칭은 어딘가 비슷해 보이면서도 전혀 다른 접근으로 다가왔다. 문제를 분석하기보다 사람을 대하는 태도, 해답을 제시하기보다 질문으로 동행하는 방식, 치료가 아닌 관계 설정을 전제로 하는 대화 등 그 모든 것이 나에게는 신선한 충격이었다.

솔직히 말하면, 처음 코칭을 접했을 때의 감정은 '흥미로움'과 '호기심'이었다. 대화 같았고, 관계 같았고, 어쩌면 꽤 쉬워 보이기도 했다. 그러나 코칭을 하면 할수록, 그 감정은 빠르게 다른 감정으로 바뀌었다.

'왜 어떤 코칭은 분명히 잘 흘러가는데, 어떤 코칭은 아무리 애써도 공허하게 끝나는 걸까?', '질문을 더 잘하면 되는 걸까, 더 많이 공부하면 해결될 문제일까?' 이 질문은 이후 오랜 시간 동안 나를 붙잡았다.

그 이후 나는 코칭을 '잘하기 위해서'가 아니라, 코칭이 왜 이렇게 어려운지 이해하기 위해 움직이기 시작했다. 상위 코치들에게 지도를 받았고, 다양한 코칭펌에서 수련을 했으며, 대학원에서 코칭을 전공으로 공부했다.

그러나 나는 코칭을 이론 속에만 두지 않으려 애썼다. 다양한 연령대, 다양한 직업, 다양한 삶의 맥락을 가진 '진짜 고객'을 만나며 현장을 놓치지 않으려 했다.

이 모든 경험 속에서 하나의 질문이 점점 또렷해졌다. '우리는 정말 코칭을 하고 있는가?' 코치들은 열심히 공부한다. 질문을 준비하고, 모델을 익히고, 역량을 체크한다. 한국코치협회의 역량모델도 분명히 알고 있다. 그런데 이상하게도, 현장에서는 자격증의 레벨과 실제 코칭의 깊이가 반드시 비례하지 않았다.

질문은 매끄러운데 고객의 삶은 달라지지 않는 코칭, 공감은 충분한데 실행이 이어지지 않는 코칭, 구조는 완벽한데 세션이 끝나고 허무함만 남는 코칭. 나는 이 간극이 어디에서 오는지 이해하고 싶었다. 그리고 점점 분명해진 결론은 문제는 질문이 아니었다. 기술도 아니었고, 자격증도 아니었다. 문제는 우리가 코칭을 어떤 '세계'로 이해하고 있는가에 있었다. 이 책이 전하고자 하는 메시지는 코칭은 대화의 메커니즘이며, 관계의 질이고, 코치라는 사람이 만들어내는 향기이자, 구조를 설계하는 전문성이다. 결국에는 진짜 고객을 만나는 일이다.

이 책의 내용들은 어느 날 갑자기 만들어진 이론이 아니다. 코칭을 하다 떠오른 질문을 수첩에 적었고, 깨달음을 컴퓨터 폴더에 저장했고, 현장에서 느낀 감각을 휴대폰 메모장에 남겼다. 그렇게 흩어져 있던 기록들을 오랜 시간 다시 꺼내 읽고, 버리고, 연결하고,

다듬으며 이 책으로 엮어냈다. 그래서 이 책의 모든 내용은 저자의 주관적인 해석에 기반해 있다.

어떤 독자에게는 동의가 아니라 저항을 불러올 수도 있고, 때로는 공격적으로 느껴질 수도 있다. 그럼에도 불구하고 이 글을 세상에 내놓는 이유는 분명하다. 이 내용들은 오랜 학습과 현장의 경험, 그리고 수많은 실패와 성찰을 통해 몸으로 깨달은 것들이기 때문이다.

이 책을 펼치는 독자에게 이 책을 읽으며 이미 알고 있던 코칭이 조금 낯설어질 수도 있다. 그러나 나는 그 낯섦이 코칭을 다시 살아 있게 만드는 출발점이 되기를 바란다. 이 책이 코칭을 공부하는 코치에게는 '아, 내가 이걸 놓치고 있었구나!'라는 깨달음이 되기를, 코칭을 잘 모르는 사람에게는 '사람의 삶을 이렇게 다루는 대화도 있구나!'라는 호기심의 씨앗이 되기를 소망한다.

이제, 멍석 코치가 발견한 진짜 코칭의 세계로 당신을 초대한다. 이 세계는 화려하지 않지만 깊고, 빠르지 않지만 정확하며, 기술보다 사람을 먼저 본다. 그리고 그 세계의 중심에는 언제나 사람이 있다.

추천하는 글

🌱 **김혜정 (배우, 전원일기 등 다수)**

코치의 역량은 이론이 전부가 아니라 봅니다. 그럼에도 불구하고 저자에게 누적된 이론과 코치로서의 현장 경험이 풍부합니다. 저자가 지닌 영혼의 지극한 평안함과 순수함. 그가 대상을 마주하는 마음 안온함의 온도는 55도 이상입니다.

그가 이 책을 통해 건네주는 적확하고 명징한 에너지는 코칭의 길을 안내받고자 하는 모든 이들에게 이론과 더불어 내면의 소리를 찾아가는 길잡이가 될 것을 확신합니다.

🌱 **고정은 (경희사이버대학교 교수)**

오랜 시간 코칭의 본질을 깊이 탐구해 온 저자의 통찰과 풍부한 현장 경험이 책 전반에 녹아 있습니다. 이 책은 코칭을 단순한 이론을 넘어 살아 있는 실천의 언어로 풀어내어, 초심자에게는 든든한 길잡이가 되고, 전문가에게는 새로운 영감을 줍니다. 코칭의 진정한 의미와 힘을 알고 싶은 모든 분께 자신 있게 추천 드립니다.

🌱 **구소연 (순복음대학원대학교 교수)**

현장에서 수없이 넘어지고 고민한 흔적이 문장마다 고스란히 담겨 있습니다. 특히, "통찰은 코치가 만들어낸 것이 아니다. 고객이 스스로 발견한 결과다. 코치는 통찰의 '주인공'이 아니라 '관찰자'다." 이 문장이 오랫동안 기억에서 떠나질 않습니다. 그래서 이 책은 가볍게 읽히지 않지만 오래 곁에 두고 다시 펼치게 됩니다. 코칭을 시작하려는 분들께는 방향을, 이미 코칭을 하고 있는 분들께는 기준을 세워주는 책입니다. 코칭을 전혀 알지 못하는 분들께도 코칭의 본질을 쉽게 안내해주는 책입니다. 멍석 코치님의 코칭의 세계를 직접 경험해보시길 추천 드립니다.

🌱 **김상학 (동국대학교대학원 교수)**

멍석 코치님을 처음 만난 건 수년 전 동국대학교 대학원 수업 시간이었다. 한 학기 수업을 통해 멍석 코치님이 코칭에 얼마나 진심이신지를 알 수 있었던 장면 하나는 코칭 실습 과목이었던 걸로 기억하는데, 과제로 본인이 했던 코칭 경험을 성찰 노트로 제공했어야 했다. 그런데 멍석 코치님은 즉석에서 코칭 시연을 해보겠다고 하시며, 상대역도 필요 없이 본인이 혼자서 코치와 고객 1인 2역을 해내셨다. 보통 사람이라면 생각하기 어려운 시도를 아무렇지도 않게 해내시고는 살짝 겸연쩍어하시던 모습이 기억난다.

시간이 흘러 코칭 책을 쓰셨다고 해서 추천사를 부탁하시길래 정독은 아니지만 전체 내용을 읽어봤다. 깜짝 놀랐다. 그 사이에 코칭에 대해 많은 고민을 하셨고, 다양한 경험을 하셨음을 알 수 있었다. 8장 자기 인식에 쓰신 "코칭에서의 언행일치는 도덕 이전에 자각의 문제다.”라는 통찰은 생각을 하게 만들었다. 코칭 기법을 익히기 이전에 코치로서 얼마나 자기 자신을 돌아보고 인간으로서 부족함을 깨닫고 있는가는 매우 중요한 문제라고 생각하고 있었기 때문이다. 이 책을 읽고 나니 언젠가 고객으로 멍석 코치님을 만나고 싶다는 마음이 생겼다.

🌱 김성희 (경희대학교경영대학원 교수)

‘과연 나의 코칭 철학은 무엇인가?’ 멍석 코치님이 펼쳐주는 코칭의 세계를 들여다보면서 내 자신을 되돌라 보는 시간을 가졌다. “코칭은 대화의 메커니즘이다.”, “코치다움이란 코치의 향기가 있어야 한다.”, “경청의 패러다임 변화.” 등 멍석 코치님만의 뚜렷한 코칭의 세계관은 우리에게 시사하는 바가 크다. 그리고 책 속에 등장하는 문장들은 멍석 코치님이 갖고 있는 진정성이 그대로 표현된 글이기 때문에 더욱 진솔하게 와 닿는 것 같습니다. 코칭에 대한 깊은 고민이 반영된 책이라 그 자체로 신뢰가 가는 책입니다. 많은 분들께 자신 있게 추천합니다.

🌱 백지은 (경희사이버대학교 교수)

좋은 질문은 기술이 아니라 존재에서 비롯된다는 사실을 다시 일깨워주는 책입니다. 경청의 깊이가 질문의 깊이를 만든다는 메시지가 오래도록 마음에 남습니다. 코칭의 본질을 다시 성찰하게 해준 귀한 책으로, 진심으로 추천합니다.

🌱 **심민정 (동국대학교대학원 교수)**

코칭을 오래 해왔거나, 이제 막 코칭의 세계에 발을 들인 사람이라면 한 번쯤 이런 질문 앞에 서게 된다. "나는 정말 코칭을 하고 있는가?" 연영주의 『명석 코치가 펼쳐주는 진짜 코칭의 세계』는 바로 이 질문을 정면으로 마주하게 하는 책이다.

이 책은 코칭을 기술이나 화려한 질문, 혹은 구조의 문제로 설명하지 않는다. 저자는 수많은 실제 고객과 코치들을 만나며 체득한 현장의 감각을 바탕으로, 어떤 코칭이 깊어지고 왜 사람을 변화시키는지를 집요하게 탐색한다. 그 과정에서 오랜 현장 경험에서 축적된 통찰과 노하우가 책 전반에 자연스럽게 녹아 있다.

특히 코칭과 '코치다움'을 다루는 대목에서는 저자의 깊은 숙고가 선명하게 드러난다. 고객의 문제를 과거와 미래, 문제와 목표로 인위적으로 구분하기보다, 한 사람의 이야기 안에서 지금 이 순간 무엇이 다루어져야 하는지를 중심에 둔다. 이 책은 코칭을 상담과 분리된 기법으로 나누기보다, 사람의 삶을 다루는 연속된 맥락 속에서 이해하며, 그 실제적인 접근을 차분하게 풀어내는 책이라 할 수 있다.

🌱 **이송이 (동국대학교대학원 교수)**

코칭을 '잘하는 기술'이 아니라 '왜 어려운지'부터 명쾌하게 풀어내는 책입니다. 질문보다 먼저 경청을 준비하게 하고, 코칭을 사람과 사람 사이에서 작동하는 하나의 '세계'로 다시 보게 만듭니다. 코칭이 공허하게 끝났던 이유를 알고 싶다면, 이 책이 가장 정확한 출발점이 될 것입니다.

'명석 코치님이 가진 코칭 기술을 다 복제해서 갖고 싶다.'

코치님의 수업을 듣거나 코치님께 코칭을 받을 때면 늘 이런 생각이 들곤 했다. 그런데 이 책을 읽으며, 코치님의 치열한 경험과 깊은 고민, 그 속에서 축적된 코칭의 깊이를 고스란히 느낄 수 있었다. 이 코칭이 하루아침에 만들어진 것이 아니라는 사실도 자연스레 전해졌다. 얼마나 많은 애정과 정성이 담겨 이 책이 쓰였는지, 읽는 내내 한 문장, 한 문장에 자꾸 마음이 머물렀다. 생각하게 되고, 돌아보게 되고, 어떤 문장들은 그대로 마음에 담아두고 싶어졌다.

책에서 말하듯 코치의 전문성은 인풋이 아니라 아웃풋에서 나온다. 경험은 각자의 것이기에 복제할 수는 없지만, 그 경험에서 길어올린 엑기스를 [illegible]꾹 눌러 담은 이 책을 바탕으로 이제부터 나만의 경험을 하나씩 쌓아가고 싶다는 생각이 들었다.

코칭을 처음 접하는 사람도 이해할 수 있을 만큼 쉽게 쓰였고, 내용은 모호하지 않고 명쾌하며 시원하다. 코칭 입문자에게는 든든한 밑그림이 되어주고, 코칭의 정체를 겪고 있는 이들에게는 답을 찾을 실마리를 제공한다. 또한, 더 좋은 코칭을 하고 싶은 코치에게는 자신의 코칭을 돌아보고 깊이를 더할 기회를 만들어 줄 것이다. 내 책상 가장 가까이에 두고, 자주 꺼내 읽고 싶은 책이다.

이 책은 코치로서 첫걸음을 내딛는 입문자부터 최고 수준의 전문 코치에 이르기까지, 모든 코치가 반드시 읽어야 할 필독서라 할 만합니다. 저자의 오랜 코칭 경험과 현장에서 수없이 흔들리고 성찰해

온 과정이 살아 있는 노하우로 응축되어, 문장 하나하나에 깊이 스며 있습니다. 코칭을 공부하는 사람이라면 반드시 한 번은 통과해야 할, '진짜 코칭'으로 나아가기 위한 관문 같은 책입니다.

🌱 박천경 (한국코치협회 이사)

진정성의 대명사인 멍석 코치님이 발견한 코칭 세계를 읽는 내내 코칭에 대한 진심을 그대로 담아낸 책이라고 느껴졌습니다. 코칭을 하고 있는 전문코치로서, 그리고 대학원에서 코칭을 수업을 하며 코칭을 연구하는 연구자의 한 사람으로서 코칭 앞에서 겸손해지게 하는 책입니다. 실무와 이론 모두 멍석 코치만의 경험과 노하우로 진정성을 가지고 코칭의 세계를 완벽하게 다룬 책입니다. 현장의 생생한 목소리를 깊이 느껴보시기 바랍니다.

🌱 이정윤 (한국코치협회 이사)

이 책의 저자 연영주 코치님은 나에게 멘토이자, 대학원 시절부터 지금까지 코칭의 길을 함께 걸어온 동료 코치입니다. 우리는 같은 현장을 바라보며, 같은 질문 앞에서 오래 머물러 왔습니다. 그래서 나는 이 책을 단순히 '잘 쓰인 코칭 책'으로 읽지 못했고 그보다는, 오랜 시간 한 코치가 코칭 앞에서 얼마나 진지하게 고민해왔는지를 증언하는 기록으로 읽게 되었습니다. 코칭을 더 잘하고 싶은 사람뿐만 아니라, 코칭을 왜 계속 붙들고 있는지 스스로에게 다시 묻고 싶은 코치라면, 이 책은 분명 의미 있는 동반자가 되어줄 것입니다.

🌱 **강은정 (사람하다 심리상담코칭 대표)**

마치 송곳처럼 군더더기 없이 핵심을 정확히 짚어낸다. 시선은 날카롭지만, 이상하리만큼 따뜻하다. 곰곰이 생각해보면 그 온기는 기술에서 비롯된 것이 아니라, 깊이에서 축적된 신뢰로부터 나온다. 나는 현장에서 "코칭을 경험한 이후 오히려 상담이 더 깊어졌다."라는 이야기를 자주 듣는다. 그 이유가 무엇인지 늘 궁금했는데, 이 책은 그 질문에 분명한 답을 건넨다.

이 책은 기법이나 질문 목록을 제시하지 않는다. 대신 존중을 바탕으로, 고객의 세계 안으로 기꺼이 들어가려는 태도를 처음부터 끝까지 일관되게 보여준다. 마치 독자 스스로 그 태도를 체화해가도록 이끄는 듯하다. 그래서 이 책은 코칭을 '잘 수행하는 법'을 가르치기보다, 코칭을 더 깊이 이해하고 사랑하게 만든다. 형식적인 대화를 넘어, 진정한 동행이 가능해지는 지점을 정확히 짚어낸다. 서늘할 만큼 정직하지만, 끝내 사람을 혼자 남겨두지 않는 태도다. 이 책을 통해 나는 기술 이전에 태도로 시작되는 진짜 코칭이 무엇인지 다시 확인하게 되었다. 그리고 이제야, 나 자신 또한 진짜 코칭의 출발선에 서게 된 것 같다.

🌱 **이수진 (동국메타융합코칭센터장)**

'명석 코치가 깔아준, 진짜 코칭으로 가는 가장 정직한 길.'

'통찰은 일으키는 것이 아니라 발견하는 것'이라는 저자의 철학은, 코칭이 왜 대화의 기술이 아니라 존재의 예술인지를 자연스럽게 드러냅니다. 코칭의 민낯을 이토록 정직하게 마주하게 하는 책은 흔치 않습니다. 저자의 진정성이 고스란히 담긴 이 기록이, 코칭을 배우

는 이들뿐 아니라 사람과 사람 사이의 대화를 다시 생각해보고 싶
은 모든 이들의 책상 위에 놓이기를 바랍니다.

🌱 진신숙 (굿코칭 대표)

저자는 수련 중인 코치들에게 연습용 시연이 아닌 '진짜 고객의
언어'로 실제 현장에서 요구되는 기준과 감각을 가지고 생생하게 코
칭의 본질을 전하고 있습니다. 아울러 코치다움을 '향기'라는 은유
로 풀어내며, 코치의 존재 자체가 가장 중요한 도구임 강조하고 있
습니다. 그래서 이 책이 더욱 파워풀합니다. 코칭 입문자에게는 방
향을 잡아주는 출발점이 되고, 수련 중인 코치에게는 '우리는 정말
코칭을 하고 있는가?'라는 본질적 질문을 던지는 필독서로 강력하게
추천합니다.

🌱 최종우 (휴먼 그로우 연구소 대표)

'우리는 정말 코칭을 하고 있는가? 이 책의 프롤로그를 읽으며 가
장 먼저 떠오른 질문은 이것이었다. 이 책은 코칭을 잘하는 방법을
설명하는 책이 아니다. 대신 코칭을 오래 해온 사람일수록 외면하기
어려운 질문, 그러나 쉽게 답하지 못했던 질문을 정면으로 꺼내 놓
는다. 이 책의 가장 큰 힘은 코칭을 기술이나 자격의 문제가 아니라,
사람과 사람 사이에서 작동하는 하나의 '세계'로 바라보는 시선에 있
다. 코칭은 질문의 화려함이나 구조의 완성도가 아니라, 코치가 어
떤 태도로 고객 앞에 앉아 있는가에 따라 전혀 다른 깊이를 만들어
낸다는 사실을, 저자는 자신의 배움과 고민, 그리고 수많은 '진짜 고
객'과의 만남을 통해 설득력 있게 보여준다. 이러한 관점은 이론에

머무르지 않는다. KSC 인증시험을 준비하는 과정에서 저의 멘토코치로 연영주 코치님을 만나며 경험했던 코칭 역시, 답을 제시하기보다 충분히 기다리고, 평가하기보다 안전한 공간을 먼저 만드는 방식이었다. 그 만남 속에서 나는 이 책이 말하는 '진짜 코칭'이 개념이 아니라, 이미 그의 코칭 안에서 실천되고 있음을 확인할 수 있었다.

특히 인상적인 점은 코치를 '고객을 이끄는 사람'이 아니라 고객이 스스로를 드러낼 수 있도록 멍석을 깔아주는 존재로 바라보는 관점이다. 이는 말로는 쉽지만 현장에서는 가장 구현하기 어려운 코치다움이기도 하다. 저자는 이 어려운 영역을 추상적인 이상이 아니라, 수많은 현장 경험과 코치 양성·멘토링 과정에서 마주한 질문들을 통해 매우 구체적으로 풀어낸다. 프롤로그 전반에 흐르는 저자의 고백은 매우 정직하다.

연영주 코치님의 『멍석 코치가 펼쳐주는 진짜 코칭의 세계』는 코칭을 이미 공부한 코치에게는 자신이 놓치고 있었던 지점을 돌아보게 하고, 코칭이 낯선 독자에게는 사람을 대하는 또 하나의 깊은 대화 방식을 제시한다. 코치 입문 단계에서부터 KAC·KPC·KSC를 거치는 모든 과정에서, 코칭이 무엇인지 다시 묻게 만드는 책이자 끝까지 곁에 두고 읽을 가치가 있는 모든 코치들의 필독서로 적극 추천한다.

🌱 가향순 코치

'코칭은 기술이 아니다. 삶의 태도다.' 이 책은 그 지점을 설득력 있게 담고 있습니다. 저자인 연영주(멍석 코치)는 코칭을 화려한 질문이나 구조의 암기로 설명하지 않습니다.

오히려 코칭을 질문 리스트나 대화 구조를 매뉴얼처럼 따라 하는 수준에 머물게 하지 않고 대신 코칭이 현장에서 실제로 작동하게 만드는 핵심을 대화의 메커니즘, 관계의 질, 그리고 코치가 자리에서 풍기는 존재감(코치의 향기)으로 정교하게 풀어내고 있습니다. 단순한 기술을 넘어 코치로서의 태도와 존재를 다시 세우고 싶은 코치라면 일독을 권합니다.

🌱 김용희 코치

멍석 코치님 곁에서 약 2년간 함께 해오면서 느낀 것은 어느 누구에게든 눈높이에 맞추어 설명을 해주신다는 것이었습니다. 베스트 드라이버가 초보운전자를 가르치는 것이 얼마나 어려운지 대부분 공감하실 겁니다. 이 책 또한 Q&A 형식으로 눈높이 맞춤으로 편하게 접할 수 있으며, 그룹코칭이 코칭을 위한 마케팅 전략이라는 내용이 인상적이었기에 강력하게 추천합니다.

🌱 김진 코치

자격증 공부를 하면서 느꼈던 궁금증과 답답함이 말끔히 해소되는 책입니다. 책 한 권으로 이렇게 시원하게 해결되는 경험을 하게 된 것이 놀라울 따름입니다. 그리고 각 장 마무리에 머무름의 공간에서 저자의 질문에 대해서 다시 한번 생각하게 하는 지점은 이 책이 주는 또 다른 매력입니다. 그리고 코칭을 마차, 고객을 승객, 마부를 코치로 비유한 문장들은 코칭을 잘 모르는 사람들에게 친절한 안내서가 될 것으로 확신한다. 코칭 공부를 시작하는 제게 자격증 시험을 넘어 '코치다움'을 고민하게 만드는 선물 같은 책입니다. 많은 분들에게 선물의 의미로 이 책을 추천 드리고 싶습니다.

🌱 김해은 코치

이분과 함께라면 내 감정과 고민을 솔직하게 꺼내 놓아도 안전하겠다는 믿음을 주는, 명석 코치님의 진솔하고 지혜로운 이야기가 담긴 책입니다. 술술 읽히는 책이지만, 읽다 보면 코치로서의 마인드셋이 자연스럽게 정돈되고, 현장에서 마주하는 질문들에 대한 깊은 인사이트를 얻게 됩니다.

많은 현장 경험과 깊은 연구로 빚어진 좋은 선배에게 수퍼비전을 받고 싶다면 이 책을 기쁘게 추천 드립니다. 한 권을 읽는 것만으로도 코치다움과 코칭다움이 한 단계 성장하는 것을 경험하게 될 것입니다.

🌱 문진화 코치

코칭을 하며 느꼈던 막막함에 "당신만 그런 게 아니다."라고 말해주는 책입니다. 그리고 그다음 길까지 함께 보여줍니다. 코치에게 참 다정한 책입니다. 질문을 더 잘하려 애쓸수록 코칭이 공허해졌던 이유를 이 책을 통해 비로소 이해하게 됩니다. 존재가 질문을 만든다는 통찰이 깊게 남습니다.

🌱 박종례 코치

코칭을 기술로 접근해온 분이라면 이 책은 관점을 완전히 바꿔놓을 것입니다. 사람과 사람 사이에서만 가능한 대화가 코칭임을 명확히 보여줍니다. 이론과 현장, 이상과 현실 사이에서 늘 고민해온 코치에게 이 책은 드물게도 두 세계를 연결해줍니다.

❦ 복혜정 코치

멘토코칭 현장에서 만난 연영주 코치는 자신의 노하우를 아낌없이 내어주는 성실함과 코치들에 대한 깊은 애정을 가진 분입니다. 여러 차례 이어진 특강을 통해 코치들에게 진심 어린 가이드를 주던 그 정직한 태도가 이 책에 그대로 녹아 있습니다.

이 책은 단순히 자격 취득을 위한 기술을 나열하는 데 머물지 않습니다. 저자가 현장에서 '진짜 고객'을 만나며 치열하게 고민하고 성찰했던 흔적들이 문장마다 생생하게 살아 있어, 읽는 내내 코칭의 본질과 마주하게 합니다. 특히 "통찰은 코치가 억지로 일으키는 것이 아니라 고객 안에서 발견하는 것"이라는 저자의 철학은, 코칭이 왜 단순한 대화 기술이 아닌 존재의 예술인지를 다시금 깨닫게 해줍니다.

화려한 질문 기술보다 사람을 먼저 보고, 구조 너머의 질감을 느끼게 해주는 연영주 코치의 가르침은 제게도 큰 울림이었습니다. '진짜 코칭'의 세계로 가는 가장 정직한 길을 찾고 싶은 모든 코치에게, 저자가 정성껏 깔아준 이 '멍석'이 든든한 동행이자 축복이 되기를 바라며 이 책을 기쁜 마음으로 강력히 추천합니다.

❦ 윤영경 코치

저를 처음으로 코칭의 세계로 이끌어 주신 스승님과도 같은 연영주 코치님께서 책을 출간하시고 이렇게 추천서까지 쓰게 되어 영광스럽습니다. 책을 읽는 내내 멍석 코치님의 음성이 들리는 것 같았습니다. 역시 자타가 인정하는 일타강사님의 진면목이 드러나는 책입니다. 책을 통해서 멍석 코치님의 송곳처럼 명료한 언어를 느껴보시기 바랍니다.

🌱 윤혜진 코치

책장을 넘기는 내내 저자의 생생한 고민을 함께 나누는 듯한 느낌이 들었습니다. 이 책에는 이론이나 기법보다는 실제 현장에서 사람을 만나며 흔들리고 질문해왔던 저자의 경험과 시간이 고스란히 담겨 있습니다.

이 책은 무언가를 잘해보려 애쓰기보다, 한 사람의 이야기를 진심으로 듣고 그 사람이 스스로 드러나도록 곁을 내어주는 태도가 얼마나 중요한지를 다시 돌아보게 합니다. 정답을 주지 않아도, 멋진 질문을 내놓지 않아도, 그저 기꺼이 함께인 것만으로 충분하다는 사실을 저자는 담담하게 이야기하고 있습니다.

진심으로 누군가와 동행하며 스스로에게도 같은 질문을 던져왔다면 이 책이 따뜻한 동반자가 되어 주리라 믿습니다.

🌱 이소정 코치

이 책은 코칭을 특별하게 미화하거나 멋진 말들로 포장하지 않습니다. 오히려 코칭이 잘 흘러가지 않았던 순간들, 스스로의 확신이 흔들렸던 장면들, 그리고 차마 꺼내기 어려웠던 불편한 진실까지도 조심스럽게 드러냅니다. 그 솔직함이 이 책을 더욱 믿을 수 있게 만드는 것 같습니다.

코칭을 하다 보면 누구나 한 번쯤은 자신의 역량을 의심하고, '나는 과연 코치로서 충분한가?'라는 질문 앞에 서게 될 것입니다. 이 책은 바로 그 지점에서 코치를 외면하지 않았습니다. 코칭 과정에서 느꼈던 좌절과 실망, 멈춰 서 있던 시간들이 결코 실패가 아니었음을, 그 모든 경험이 코치의 깊이를 만들어 왔음을 차분하게 전해 줍니다.

화려한 기술보다 사람을 향한 태도가 얼마나 중요한지, 코칭의 본질이 어디에 놓여 있는지를 자연스럽게 다시 떠올리게 합니다. 코칭을 배우는 코치뿐 아니라, 이미 현장에서 오랜 시간을 걸어온 코치에게도 큰 위로가 될 거라 확신합니다.

조용하지만 깊은 울림으로, 코치가 다시 자신의 자리로 돌아가게 해주는 책이기에 적극 추천 드립니다.

🌱 이송연 코치

코칭을 하다 보면 어느 순간부터 점점 더 조심스러워질 때가 있습니다. 이 말이 맞는지, 이 질문이 도움이 되는지, 지금 내가 제대로 함께하고 있는 건지 자꾸 마음이 흔들립니다. 이 책은 그 흔들림을 고쳐야 할 문제처럼 다루지 않습니다. 대신, 왜 그런 마음이 생길 수밖에 없는지를 스스로 돌아보게 합니다. 책을 읽다 보니 코칭이 어려워졌던 이유가 내가 부족해서라기보다 사람의 삶을 함부로 다루지 않으려는 마음 때문이었을지도 모르겠다는 생각이 들었습니다. 그래서 이 책은 코칭을 더 잘해야 한다는 부담에 지쳐 있을 때, 코칭이 무겁게 느껴지기 시작한 코치에게 조용히 건네고 싶은 책입니다.

🌱 이지성 코치

코칭을 공부하고, 코칭을 하며 살아가고 있지만 저는 여전히 코칭이 쉽지 않습니다. 코칭이 무엇인지 알 것 같다가도 멀어지고, 나는 제대로 하고 있는지, 이 길로 계속 살아갈 수 있을지 문득 막막해지기도 합니다. 혹시 이 글을 읽고 있는 당신도 저와 같은 고민을 해본 적은 없으신가요? 이 책은 코치로서 품게 되는 수많은 질문과 생각들을 마음껏 꺼내 놓고 고민할 수 있도록 멍석을 깔아주었습니다. 그리고 그 멍석 위에서, 저는 다시 질문하고 머물며, 결국 나다움의 방식으로 코칭을 이어갈 용기를 얻게 되었습니다. 코칭과 코치의 세계를 탐색하고자 하는 예비 코치, 그리고 코치로서의 정체성과 성장에 대한 질문을 품고 있는 모든 코치에게 이 책을 진심으로 추천합니다.

🌱 이지연 코치

가짜 고객과 진짜고객의 차이를 읽으면서 나도 모르게 무릎을 탁! 쳤던 순간이 떠오른다. 진짜 고객을 만나는 것에 대한 막연한 두려움이 컸었지만, 이 책을 통해서 하루라도 빨리 진짜 고객을 만나고 싶다는 설렘이 생기게 되었다. 가짜 고객에 익숙한 나는 멍석 코치님이 깔아 준 진짜코칭의 세계를 통해서 진짜 코치의 모습으로 한 걸음 다가가게 된 것 같다. 이 책이 많은 분들에게 진짜고객을 만나게 되는 연결 통로가 되었음 한다.

🌱 조진영 코치

이 책은 코칭 기법을 설명하는 데서 멈추지 않습니다. 대신 사람 앞에 어떻게 앉아 있어야 하는지를 다시 묻게 합니다. 사유와 현장 경험에서 길어 올린 언어로, 조용하지만 깊게 코칭의 본질을 건드리는 책입니다. 책을 읽는 내내 멍석 코치님의 따뜻하지만 절제된 목소리가 가슴에 여운을 남깁니다.

🌱 조한나 코치

코칭을 잘하는 기술을 넘어, 고객에게 온전히 머물며 반응하는 코칭의 본질을 통찰력 있게 풀어낸 책입니다. 코칭을 하며 한 번쯤 품어봤을 고민에 자연스럽게 고개를 끄덕이게 만들고, 멍석 코치님은 그 고민 너머로 나아갈 수 있는 명확한 방향을 제시해 줍니다. 코칭의 본질을 제대로 이해하고 싶은 분들에게 깊이 있는 안내서가 될 것입니다.

🌱 채은혜 코치

"수박 쪼개기!"

코칭을 처음 배웠을 때, 멍석 코치님께서 하신 말씀이 떠오릅니다. 한 번에 먹기 어려운 큰 수박을 잘게 나누어 여러 사람이 맛있게 즐기듯, 이 책은 코치들이 마주하는 막막함과 고민들을 작은 조각으로 나누어 스스로 이해하고 소화할 수 있게 도와줍니다. 덕분에 코칭의 달콤함을 맛보며 더 나은 코치로 성장할 수 있다는 믿음이 생겼습니다. 크고 놀라운 코칭의 세계에서 첫발을 들이신 분, 그리고 함께 성장하길 원하는 분들께 이 책을 진심으로 추천합니다.

🌱 최윤정 코치

이 책은 저자의 코칭에 대한 진심 어린 애정과 오랜 고민이 따뜻하게 담겨 있는 책입니다. "코치의 역할은 끌어당기는 것이 아니라 비추는 것이다."라는 말처럼, 코칭의 본질을 부드럽고도 깊이 있게 전하며 현장에서 코치들이 마주하는 고민과 갈등을 공감 어린 시선으로 풀어냅니다. 코칭의 길에서 잠시 흔들리거나 지친 코치라면, 다시 자신을 믿고 한 걸음 나아가도록 조용히 등을 밝혀주는 책으로 기꺼이 추천합니다.

🌱 하랑 코치

코치다움을 '향기'로 설명하는 순간, 이 책은 단순한 코칭서가 아닙니다. 코치라는 존재를 다시 정의하는 책입니다. 읽을수록 여운이 깊습니다. 그 여운을 만나 보시길 추천 드립니다.

🌱 하향매 코치

에고를 없애야 한다는 부담 앞에서 흔들려 본 코치라면, 이 글이 깊이 닿을 것입니다. 이 책은 에고와 직관을 대립시키지 않고, 같은 출발점에서 갈라지는 두 태도로 보여줍니다. 서두르지 않고 머무를 때 비로소 떠오르는 직관의 순간을, 현장의 언어로 정직하게 건넵니다. 코칭 앞에서 매번 선택의 갈림길에 서는 코치에게,

이 책은 "지금, 어떻게 깨어 있을 것인가"를 묻는 따뜻한 동반자가 되어줄 것입니다.

🌱 하현화 코치

저는 저자에게서 처음 코칭을 배웠고, 지금도 배우고 있습니다.

처음에는 코칭을 잘하는 방법을 알고 싶었습니다. 하지만 배워갈수록, 코칭은 기술이 아니라 '잘 들어주는 사람'이 되어가는 과정이라는 것을 끊임없이 마주하게 되었습니다.

이 책을 읽으며 저는 다시 한번 조금 천천히 말하고, 조금 더 오래

기다릴 줄 아는 사람이 되고 싶어졌습니다. 코칭을 통해 무엇을 해
내기보다 어떤 태도로 사람 앞에 설 것인지를 다시 생각하게 한 책
입니다.

목차

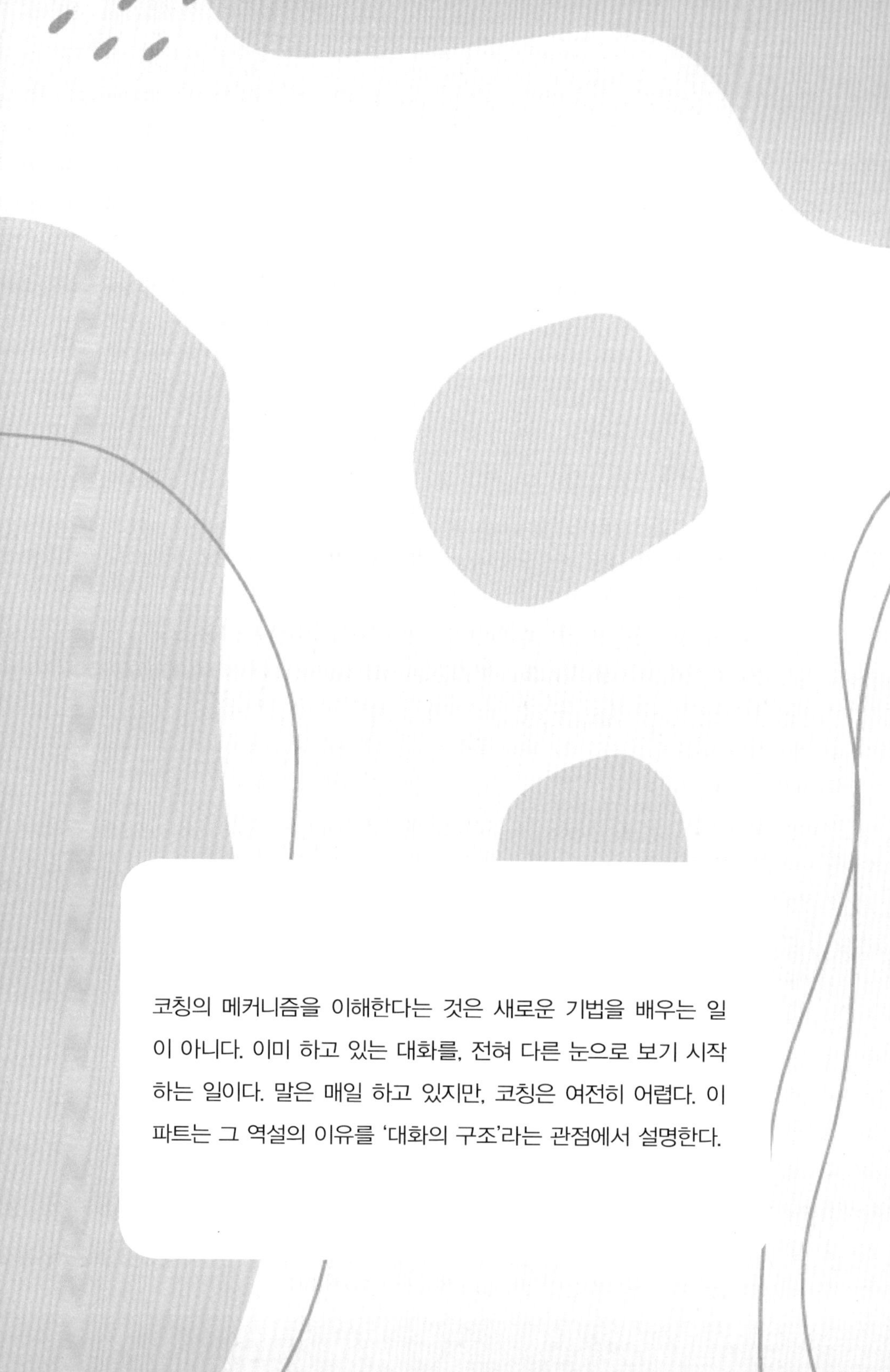

코칭의 메커니즘을 이해한다는 것은 새로운 기법을 배우는 일이 아니다. 이미 하고 있는 대화를, 전혀 다른 눈으로 보기 시작하는 일이다. 말은 매일 하고 있지만, 코칭은 여전히 어렵다. 이 파트는 그 역설의 이유를 '대화의 구조'라는 관점에서 설명한다.

PART 1

코칭의 메커니즘 이해

1장

코칭은 대화의 메커니즘과 같다

우리는 하루에도 수많은 대화를 나눈다. 가족과의 대화, 친구와의 대화, 직장에서의 대화, 우연히 마주친 사람과의 짧은 인사까지. 그러나 우리는 이 수많은 대화를 나누면서도 '대화를 잘하기 위해 무엇을 준비해야 할까'를 진지하게 고민하지는 않는다. 질문을 미리 적어두지도 않고, 반응을 설계하지도 않는다. 그저 상대의 이야기를 듣고, 느끼고, 그 순간에 떠오르는 반응으로 대화를 이어갈 뿐이다.

누군가의 이야기를 듣다가 고개를 끄덕이기도 하고, 마음이 닿는 지점에서는 자연스럽게 공감의 말을 건넨다. 상대가 힘들어 보이면 위로의 말이 나오고, 기뻐 보이면 함께 웃는다. 때로는 질문이 튀어나오고, 때로는 아무 말 없이 잠시 침묵이 흐르기도 한다. 그러나 그 침묵마저도 어색하지 않다. 대화는 이렇게 서로의 반응과 호응 속에서 살아 움직인다. 이것이 바로 대화의 메커니즘이다.

대화는 일방향이 아니다. 상호작용이다. 계획된 각본이 아니라 흐름이며, 통제가 아니라 반응이다. 그리고 이 대화의 메커니즘은 놀랍게도 코칭과 정확히 같은 구조를 가지고 있다. 그럼에도 불구하고 우리는 코칭을 배울수록 코칭을 '대화'가 아닌 '기술'로 오해하기 시작한다. 코칭은 특별한 공간에서, 특별한 언어로, 특별한 질문을 통해 이루어지는 고급 기술이라고 생각한다. 질문을 잘 준비해야 하고, 구조를 정확히 따라야 하며, 정해진 프로세스를 벗어나면 안 된다고 배운다. 그렇게 코칭은 점점 일상의 대화와 멀어지고, 낯선 행위가 된다.

그러나 코칭은 본질적으로 대화다. 고객과 코치는 마주 앉아 이야기를 나눈다. 다만 그 대화에는 목적이 있고, 의도가 있으며, 고객의 성장을 향한 방향성이 존재할 뿐이다. 코칭을 특별하게 만드는 것은 언어의 형식이 아니라, 대화를 대하는 태도다. 많은 코치들이 어느 순간부터 코칭을 '대화'로 대하지 않게 되는 이유도 여기에 있다. 질문을 준비하고, 구조를 떠올리고, 다음 단계로 넘어가기 위한 체크리스트를 머릿속에 그리는 순간, 코칭은 더 이상 대화가 아니다. 코칭은 '진행'이 된다. 상호작용은 줄어들고, 계획된 흐름이 대화를 지배한다.

문제는 질문 그 자체가 아니다. 문제는 질문에 의존하는 태도다. 코치가 미리 준비한 질문에 집중하기 시작하면 고객의 이야기는 더 이상 '듣는 대상'이 아니라 '질문을 던지기 위한 재료'가 된다. 고객의 말은 끝나기도 전에 분석되고, 코치의 머릿속에서는 이런 내적 독백이 흐른다. '이제 다음 질문으로 넘어가야 할 타이밍이야.' 그 순간 대화는 끊어진다.

고객은 분명 말하고 있다. 그러나 진짜로 받아들여지고 있다는 느낌은 점점 사라진다. 대화는 이어지지만 연결은 느슨해지고, 질문은 많아지지만 맥락은 흩어진다. 이때 고객이 경험하는 것은 깊은 성찰이 아니라, 피로감이다.

한번 상상해보자. 당신이 오랜만에 친한 친구를 만나러 가기 전, 질문 리스트를 준비하는 장면을. '오늘은 이 질문부터 하고, 이런 대답이 나오면 다음 질문으로 넘어가야지.' 만약 그런 준비를 하고 친구를 만난다면, 그 만남의 목적은 대화가 아닐 가능성이 크다. 싸움을 하거나, 따져 묻거나, 설득하거나, 어떤 결론을 얻기 위한 자리일 것이다.

자연스러운 대화에는 미리 준비된 질문이 필요 없다. 그 순간의 이야기, 감정, 분위기에 따라 반응이 생기고, 질문이 태어난다. 질문은 목적이 아니라 결과다. 대화가 살아 있을 때 자연스럽게 등장하는 부산물이다. 코칭도 마찬가지다. 미리 준비된 질문은 대화를 돕기보다 유도가 되고, 흐름을 살리기보다 맥락을 끊는 도구가 된다. 특히 준비된 질문의 가장 큰 위험은 그 질문 안에 이미 코치의 의도가 담겨 있다는 점이다.

"그럼 이렇게 해보는 건 어떨까요?"

"결국 이게 핵심 아닌가요?"

"지금 상황에서 가장 중요한 건 무엇이라고 보세요?"

겉으로는 질문처럼 보이지만, 실제로는 코치의 생각을 고객에게 밀어 넣는 방식이다. 이 순간 대화는 더 이상 상호작용이 아니다. 코치가 방향을 정하고 고객을 그 방향으로 이끄는 구조가 된다. 대화의 메커니즘은 깨지고, 코칭은 설득이나 혹은 지도에 가까워진다.

진짜 코칭은 다르다. 진짜 코칭에서는 대화가 살아 있다. 고객의 말에 따라 코치의 반응이 달라지고, 그 반응에 따라 고객의 말도 다시 변화한다. 질문은 이 흐름 속에서 필요할 때, 적절한 깊이로, 자연스럽게 등장한다.

때로는 질문 한 문장보다 짧은 반영 한 문장이 더 깊은 울림을 만든다. 때로는 아무 말도 하지 않는 침묵이 가장 강력한 개입이 되기도 한다. 이 모든 것은 대화의 메커니즘을 신뢰할 때 가능해진다.

코치는 대화를 이끌려고 하지 말고, 대화에 참여해야 한다. 구조를 통제하려 하지 말고, 상호작용이 일어나야 한다. 코칭은 대화를 잘 '설계'하는 일이 아니라, 대화가 자연스럽게 '일어나도록' 돕는 일이다. 만약 코칭이 어렵게 느껴졌다면, 어쩌면 그것은 코칭이 어려워서가 아니라 대화를 너무 복잡하게 만들었기 때문일지도 모른다. 우리는 이미 대화를 할 줄 안다. 다만 코칭이라는 이름 아래, 그 자연스러움을 잊었을 뿐이다.

다시 대화로 돌아가자. 사람과 사람 사이에서 이야기가 오가고, 반응이 일어나고, 의미가 만들어지는 그 자리로. 그곳에 코칭의 본질이 있다. 코칭은 대화와 다르지 않다. 다만, 더 깨어 있는 대화일 뿐이다.

머무름의 공간

• 이 장에서 내가 새롭게 바라보게 된 '대화'의 작동 방식은 무엇인가?

• 지금까지 내가 해온 대화와 코칭의 대화는 무엇이 달랐는가?

• 앞으로 나는 어떤 대화를 의식적으로 설계하고 싶은가?

2장

파트너십은 동등한 관계설정이 전제조건

코칭에 대해 이야기할 때, 나는 언제나 가장 근본적인 질문으로 되돌아가고 싶어진다. 코치는 누구이며, 고객은 누구인가. 이 질문에 대한 답이 명확하지 않은 한, 아무리 정교한 코칭 기법과 모델을 익혀도 코칭은 결코 수평적 파트너십이 될 수 없다. 이 질문은 단순한 정의의 문제가 아니다. 이 질문은 코칭이라는 관계가 어떤 토대 위에 서 있는지를 묻는 질문이다.

우리는 흔히 코칭을 '돕는 일'이라고 말한다. 고객의 문제를 돕고, 고민을 도와주고, 성장을 지원한다고 표현한다. 얼핏 보면 따뜻하고 윤리적인 말처럼 들린다. 그러나 바로 이 표현 속에 코칭의 가장 위험한 함정이 숨어 있다. '돕는다'는 말에는 이미 보이지 않는 위계가 전제되어 있다. 돕는 사람과 도움을 받는 사람, 아는 사람과 모르는 사람, 해결할 수 있는 사람과 해결해야 하는 사람. 이 구조가 만들어지는 순간, 코칭의 수평성은 조용히 무너진다.

코치가 고객을 '문제나 고민이 있는 사람'으로 바라보는 순간, 아무리 친절하고 공감적이라 해도 그 관계의 바닥에는 미세한 경사가 생긴다. 코치는 위에 서고, 고객은 아래에 선다. 이 미묘한 높낮이는 대화의 결을 바꾸고, 질문의 방향을 바꾸며, 결국 코칭의 깊이를 제한한다. 코칭은 그런 관계 위에서는 결코 깊어질 수 없다.

코칭은 두 전문가의 만남이다. 이 문장은 너무 자주, 너무 가볍게 사용되어 왔다. 그러나 이 문장을 진심으로 받아들이는 순간, 코칭의 풍경은 완전히 달라진다. 고객은 자신의 이슈에 대한 전문가다. 그 이슈를 살아온 사람은 고객 자신이며, 그 문제의 맥락과 역사, 감정과 의미를 가장 깊이 알고 있는 사람 또한 고객이다. 코치는 그 이슈의 정답을 알고 있는 사람이 아니다. 코치는 문제를 대신 해결해주는 사람도 아니다. 코치는 오직 코칭 대화를 진행하는 전문가다. 이 두 전문성이 만날 때, 비로소 코칭은 수평적 파트너십이 된다.

그러나 현실에서는 이 단순한 전제가 자주 무너진다. 고객이 이슈를 꺼내는 순간, 코치의 머릿속에는 이런 생각이 스친다. '이 문제를 어떻게 해결해줘야 하지?' '무엇을 도와줘야 할까?' '지금 개입해야 하나?' 이 생각이 드는 순간, 코치는 이미 고객의 옆이 아니라 고객의 위에 서 있다. 그 순간부터 코칭은 동행이 아니라 개입이 된다.

코치는 문제 해결자가 아니다. 코치는 조언자도 아니고 코치는 정답을 제시하는 사람도 아니다. 코치가 해야 할 일은 고객을 대신해 걷는 것이 아니라, 고객이 스스로 걸어갈 수 있도록 옆에서 동행하는 것이다. 이 말은 결코 '아무것도 하지 않는다.'는 뜻이 아니다. 오히려 그 반대다. 코치는 끊임없이 대화를 진행한다. 흐름을 살피고, 속도를 조절하고, 머무를 지점과 넘어갈 지점을 선택한다. 그러나 그 모든 진행은 고객을 앞에서 끌어당기는 방식이 아니라, 고객이 선택한 방향으로 이동할 수 있도록 길을 열어주는 방식이다.

이 지점에서 '코치(coach)'라는 단어의 어원은 중요한 통찰을 준다. coach라는 단어는 고대 헝가리의 '코치(Kocs)'라는 도시에서 유래되었다고 전해진다. 그곳에서 만들어진 마차는 사람을 한 지점에서 다른 지점으로 이동시키는 수단이었다. 여기서 중요한 사실은 마부가 목적지를 정하지 않는다는 점이다. 목적지는 언제나 승객이 정한다. 마부는 그 목적지를 향해 마차를 안전하게, 효율적으로, 끝까지 몰아가는 사람이다.

이 비유는 코칭의 본질을 정확히 드러낸다. 고객은 목적지를 정하는 사람이다. 어디로 가고 싶은지, 언제 멈추고 싶은지, 어떤 길이 두려운지 결정하는 주체다. 코치는 마부다. 방향을 대신 정하지 않는다. 대신 이동이 가능하도록 과정을 책임진다. 그리고 그 마차가 바로 코칭 대화다.

코치는 고객을 코칭이라는 이동수단에 태운다. 그리고 고객이 원하는 지점에 도달할 수 있도록 대화를 진행하는 전문가다. 이때 코치가 "이 목적지는 위험해 보이는데요.", "제가 보기엔 이쪽이 더 좋아 보입니다." 라고 말하기 시작하는 순간, 코칭은 다른 것이 된다. 그것은 더 이상 코칭이 아니라 개입이고, 지도이며, 설득이다.

수평적 파트너십은 친절이나 태도의 문제가 아니다. 그것은 관계 설정의 문제다. 코치가 마음속으로라도 '이 사람은 도움이 필요해.', '내가 도와줘야 해.'라고 생각하는 한, 그 관계는 결코 수평일 수 없다. 진짜 수평적 관계는 코치가 고객을 전적으로 신뢰할 때만 가능하다. 고객이 자신의 삶을 스스로 이끌 수 있는 존재라는 믿음, 이미 충분한 자원과 통찰을 가지고 있다는 신뢰가 전제가 되어야 한다.

그 신뢰 위에서만 코치는 비로소 내려놓을 수 있다. 해결하려는 욕망을, 잘해 보이려는 욕심을, 전문가처럼 보이려는 긴장을. 그리고 그 자리에 동행이 들어온다. 코칭은 동행이다. 그러나 이 동행은 손을 잡고 끌어주는 동행이 아니다. 같은 눈높이에서 같은 방향을 바라보며 함께 이동하는 동행이다.

수평적 파트너십은 선언으로 만들어지지 않는다. "우리는 동등합니다."라고 말한다고 동등해지지 않는다. 수평적 파트너십은 코치가 어떤 역할을 내려놓을 수 있는가에서 시작된다. 문제를 해결해줘야 한다는 역할, 도와줘야 한다는 역할, 더 나은 답을 알고 있어야 한다는 역할을 내려놓을 때 코치는 비로소 고객 옆에 설 수 있다.

그 자리에서 코칭은 힘을 갖는다. 관계는 깊어진다. 그리고 고객은 자기 삶의 주도권을 다시 손에 쥔다. 코치는 인생의 주인이 아니다. 그러나 인생의 이동을 함께하는 전문가다.

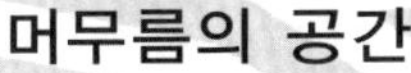

머무름의 공간

• 무의식적으로 고객보다 위에 서 있었던 순간은 언제였는가?

• 수평적 관계를 위해 내려놓아야 할 것은 무엇인가?

• 동등한 파트너로 만난다면 코칭의 무엇이 달라질까?

3장

코칭의 첫걸음은 질문 준비가 아닌 경청 준비

처음 코칭을 접했을 때를 떠올려보자. 코칭을 배우기 시작한 사람들에게 가장 먼저 주어지는 과제는 무엇이었는가. 대부분의 코치들은 망설임 없이 이렇게 답한다. "질문입니다." 실제로 코칭 교육의 초입에서 우리는 수많은 질문을 배운다. 목표를 명확히 하기 위한 질문, 자원을 탐색하는 질문, 관점을 전환하는 질문, 행동을 이끌어내는 질문. 질문은 코칭을 구성하는 가장 눈에 띄는 도구이자, 가장 빠르게 '코치다움'을 느끼게 해주는 요소다. 그래서 어느 순간부터 코치는 '질문을 잘하는 사람'이라는 이미지로 정의되기 시작한다.

이 흐름 속에서 많은 예비 코치들은 자연스럽게 이렇게 묻게 된다. "어떤 질문을 해야 좋은 코칭이 될까?" 이 질문은 분명 선의에서 출발한다. 더 잘 돕고 싶고, 더 의미 있는 변화를 만들고 싶다는 진지한 열망에서 나온 질문이다. 그러나 역설적으로, 이 질문은 코칭의 본질로부터 점점 멀어지는 출발점이 되기도 한다. 질문에 집중할수록, 우리는 정작 코칭에서 가장 중요한 무언가를 놓치기 시작한다.

질문을 준비할수록, 고객은 보이지 않기 시작한다. 코칭을 배우는 초기 단계에서 질문에 집착하게 되는 이유는 명확하다. 질문은 눈에 보이고, 손에 잡히며, 연습한 만큼 실력이 늘어나는 것처럼 느껴진다. 질문 리스트를 만들고, 상황별로 정리하고, 세션의 흐름을 질문 시나리오로 구성하면 '나는 지금 코칭을 하고 있다.'라는 확신이 생긴다. 불안이 줄어들고, 통제감이 생긴다. 특히 처음 코칭 현장에서는 코치에게 질문은 일종의 안전장치다.

그러나 바로 그 지점에서 아주 미묘하지만 결정적인 변화가 시작된다. 코치는 고객을 바라보는 대신, 머릿속에 준비해둔 질문을 바라보기 시작한다. 고객의 말이 끝나기도 전에 '다음 질문은 무엇이지?'를 떠올리고, 지금 이 이야기가 내가 준비한 질문 중 어디에 해당하는지를 분류한다. 고객의 말은 더 이상 그 자체로 머무르지 못하고, 다음 질문으로 넘어가기 위한 재료가 된다.

그 결과 코치는 듣고 있는 것처럼 보이지만, 실제로는 듣지 못하는 상태에 놓인다. 말의 내용은 파악하지만, 그 말 속에 담긴 감정의 결은 놓친다. 말과 말 사이의 망설임, 숨을 고르는 순간, 목소리의 떨림이나 속도의 변화는 인식되지 않는다. 고객은 분명 말을 하고 있지만, 온전히 받아들여지고 있다는 느낌을 받지 못한다.

이 상태에서는 진정한 공감이 일어나기 어렵다. 공감이 일어나지 않으니 축하는 형식적으로 흐르고, 인정은 타이밍을 놓친다. 고객이 어렵게 꺼낸 용기 있는 고백은 질문 하나에 묻혀 사라진다. 질문은 많아지지만 관계는 얕아진다. 대화는 이어지지만, 만남은 일어나지 않는다. 코칭 세션은 진행되지만, 사람과 사람 사이의 연결은 느슨해진다.

좋은 질문은 '준비된 질문'이 아니라 '깨어 있는 질문'이다. 그렇다면 좋은 질문이란 무엇인가? 그것은 표현이 세련된 질문도 아니고, 책에서 배운 멋진 문장을 그대로 옮겨온 질문도 아니다. 좋은 질문이란, 고객과 함께 그 자리에 머물고 있을 때 자연스럽게 떠오르는 질문이다. 그 질문은 미리 준비되지 않는다. 고객의 이야기 안에서 태어난다.

고객의 말 한마디, 잠시 멈춘 침묵, 감정이 흔들리는 미세한 순간 속에서 코치의 내면에 '반응'처럼 올라온다. 그래서 좋은 질문은 언제나 살아 있다. 지금 이 순간, 이 고객에게만 유효하다. 다른 세션에서는 다시 사용할 수 없을지도 모른다. 바로 그 때문에 강력하다. 이런 질문은 상호작용을 일으킨다. 질문이 고객을 움직이기 전에, 이미 고객과 코치 사이에 연결이 형성되어 있기 때문이다. 질문은 그 연결 위에서 조심스럽게 놓인다. 그리고 이 연결의 출발점에는 언제나 경청이 있다.

코칭의 출발점은 질문이 아니라 경청이다. 코칭은 질문으로 시작되지 않는다. 여기서 말하는 경청은 단순히 말을 끝까지 듣는 것을 의미하지 않는다. 정보를 이해하는 것도 아니다. 경청이란, 고객의 세계 안으로 들어가 그 사람이 세상을 바라보는 방식으로 함께 서 보는 일이다.

경청하는 코치는 고객의 말만 듣지 않는다. 말이 나오기까지의 망설임을 듣고, 말 뒤에 숨은 두려움을 느끼며, 말하지 않은 욕구를 감지한다. 고객이 무엇을 말하고 있는가뿐만 아니라, 무엇을 말하지 못하고 있는가에 귀를 기울인다.

이때 코치는 바쁘지 않다. 질문을 찾느라 조급해하지 않는다. '다음에 무엇을 할지'보다 '지금 무엇이 일어나고 있는지'에 온전히 머문다. 이 현재성 안에서 코치는 고객과 같은 속도로 호흡한다. 놀랍게도, 이런 상태에 들어가면 질문은 애써 만들지 않아도 자연스럽게 떠오른다. 오히려 질문을 참아야 할 때가 더 많아진다.

경청이 충분히 이루어진 순간, 질문 하나가 고객의 사고를 깊이 흔들고 고객 스스로의 통찰을 불러온다. 질문의 힘은 질문 그 자체에 있는 것이 아니라, 그 질문이 놓인 맥락과 관계에 있다.

이제 코치는 스스로에게 다른 질문을 던지기 시작해야 한다. "어떤 질문을 해야 할까?"가 아니라 "지금 나는 이 사람을 얼마나 깊이 듣고 있는가?" 질문을 잘하기 위해 애쓰는 코치가 아니라, 침묵을 견딜 줄 아는 코치. 고객의 속도를 존중하고, 이야기가 스스로 열릴 때까지 기다릴 줄 아는 코치.

그럴 때 질문은 기술이 아니라 관계의 부산물이 된다. 질문은 목적이 아니라 결과가 된다. 코칭은 더 이상 질문을 던지는 기술의 연속이 아니라, 한 사람이 다른 한 사람의 이야기를 온전히 받아들이는 과정이 된다.

머무름의 공간

- 지금까지 '듣고 있었다.'고 믿었던 것은 무엇이었는가?

- 경청을 방해했던 나의 습관적인 반응은 무엇이었는가?

- 다음 코칭에서 나는 어떤 태도로 먼저 듣고 싶은가?

4장

상호 연습에 익숙한 코칭시연과
진짜 코칭의 차이

코치가 되기 위한 여정의 초입에서 우리는 자연스럽게 '연습'이라는 이름의 세계로 들어선다. 버디코칭, 피어코칭, 상호코칭 등 자격증을 준비하는 사람들끼리 서로 고객이 되어주고, 서로 코치가 되어주는 구조는 코칭 교육의 표준처럼 자리 잡았다.

이 과정은 분명 필요하다. 코칭의 기본 구조를 익히고, 질문을 연습하고, 경청의 태도를 몸에 익히는 데에 이보다 안전한 환경은 없다. 실수해도 괜찮고, 막혀도 다시 시도할 수 있으며, 실패해도 관계가 깨지지 않는다. 그래서 우리는 안도감 속에서 코칭의 언어와 형식을 익힌다.

그러나 문제는 그다음이다. 우리는 너무 오래, 너무 깊이 그 세계에 머문다. 상호 연습을 위해 만난 고객은 진짜 고객이 아니다. 그는 고객의 '역할'을 수행하고 있을 뿐이다. 그가 들고 오는 주제는 삶의 절박함에서 나온 것이 아니라, '코칭이 되기 좋은 주제'이거나 '시험에서 무난하게 흘러갈 수 있는 이야기'인 경우가 대부분이다. 실패해도 괜찮고, 깊이 들어가지 않아도 위험하지 않으며, 질문이 엇나가도 삶이 흔들리지 않는 주제들이다.

이런 환경에서 코치는 무엇을 하는가? 고객을 만난다고 말하지만,

실제로는 코칭을 하지 않는다. 코칭시연을 한다. 질문을 던지고, 구조를 맞추고, 프레임을 적용하며, 머릿속에서는 끊임없이 계산이 돌아간다. '지금 이 질문 괜찮았나?', '평가기준에 맞는 흐름인가?', '다음 단계로 넘어가야 하나?' 이 순간 코치의 시선은 고객이 아니라 자격요건과 체크리스트, 모델과 프레임을 향해 있다.

문제는 우리가 이런 코칭에 너무 익숙해진다는 데 있다. 가짜 고객, 가짜 주제, 가짜 긴장감 속에서 반복된 수많은 연습은 어느새 하나의 착각을 만들어낸다. '나는 코칭을 할 수 있다.', '나는 준비가 되어 있다.' 그러나 진짜 고객을 만나는 순간, 이 착각은 너무도 쉽게 무너진다.

진짜 고객은 연습을 위해 앉아 있지 않다. 그는 자신의 돈과 시간을 지불하고 코치 앞에 앉아 있다. 그의 표정에는 예의가 있지만 여유는 없다. 그의 이야기는 정리되어 있지 않고, 구조도 없으며, 때로는 말조차 제대로 나오지 않는다. 그는 관계가 무너지고 있다고 말하고, 일이 막혀 있다고 고백하며, 삶의 방향을 잃었다고 털어놓는다. 어떤 고객은 자신이 누구인지조차 모르겠다고 말한다. 진짜 고객은 '질문을 잘 받기 위해' 온 것이 아니다. 그는 자기 인생을 걸고 왔다.

이때 코치가 여전히 연습하던 방식 그대로 질문을 던진다면, 모델에 맞추어 대화를 끌고 가려 한다면, '좋은 질문'을 보여주려 한다면 그 순간 코칭은 고객에게 도움이 되지 않는다. 왜냐하면 진짜 고객 앞에서는 코칭시연이 통하지 않기 때문이다.

코칭시연은 안전한 공간에서만 가능하다. 결과에 책임지지 않아도 되는 관계에서만 가능하다. 실패해도 "연습이니까"라고 말할 수 있을 때만 가능하다. 그러나 진짜 코칭은 다르다. 준비된 질문이 무너지고, 계획한 흐름이 깨지며, 고객의 말 한마디에 지금까지 익힌 모든 프레임이 무력해지는 순간을 마주해야 한다. 그 순간 코치는 선택해야 한다. '시연을 계속할 것인가?', 아니면 '코칭을 할 것인가?' 코칭은 기술이 아니라 태도에서 시작된다. 질문을 준비하는 것이 아니라 고객을 만날 준비를 하는 것이다. 답을 이끌어내려는 것이 아니라 고객의 세계 안으로 들어갈 용기를 내는 것이다. 진짜 코칭에서는 질문이 고객의 말 안에서 태어나고, 방향은 고객의 침묵 안에서 드러나며, 전환의 씨앗은 고객의 감정 속에서 발견된다.

이것은 연습으로 완성되지 않는다. 이것은 오직 진짜 고객과의 만남 속에서만 길러진다. 이제는 코칭시연을 그만하자. 자격증을 위한 코칭, 평가를 위한 코칭, 잘 보이기 위한 코칭에서 한 걸음 물러나자. 그리고 진짜 코칭의 세계로 들어가자. 그 세계는 불안하고, 정답이 없으며, 때로는 고객의 눈빛 앞에서 자신의 무력함을 느끼게 된다. 그러나 바로 그 자리에서 코치는 비로소 코치가 된다.

진짜 고객을 만났을 때 질문이 막히는 순간, 그 순간 도망치지 않고 고객과 함께 머무를 수 있다면, 그때 코칭은 시작된다. 코칭은 보여주는 것이 아니라 함께 존재하는 것이다. 코칭은 연출이 아니라 관계다.

머무름의 공간

• 내가 해온 코칭 중 '연습에 머물렀던 순간'은 언제였는가?

• 진짜 코칭이 시작되는 지점은 어디라고 느꼈는가?

• 실제 고객 앞에서 내가 감당해야 할 책임은 무엇인가?

5장

효과적인 질문은 준비되지 않은 질문

코칭을 배우기 시작한 순간부터 우리는 질문에 매혹된다. 질문은 코칭을 코칭답게 보이게 만드는 가장 분명한 표식이기 때문이다. 그래서 우리는 묻는다. "어떤 질문이 좋은 질문일까?", "이 질문 하나면 고객의 통찰을 단번에 이끌어낼 수 있지 않을까?" 코칭의 세계에는 오래전부터 하나의 신화가 존재해왔다. '강력한 질문'이라는 신화다. 마치 어떤 질문 하나만 정확히 던지면, 고객의 인식이 확 깨어나고, 막혀 있던 생각이 단번에 열리고, 삶의 방향이 바뀌기라도 할 것처럼 우리는 그 질문을 찾아 헤맨다.

코칭 서적과 강의, 워크숍과 자격과정은 끊임없이 '좋은 질문의 예시'를 제공한다. 그리고 코치들은 그 질문들을 노트에 적고, 외우고, 분류하고, 상황별로 정리한다. 마치 질문이 충분히 준비되면 코칭도 충분히 준비되는 것처럼 말이다. 그러나 바로 그 지점에서, 코칭은 아주 조용히 길을 잃기 시작한다.

질문을 준비할수록, 고객은 점점 사라진다. 강력한 질문에 대한 집착은 자연스럽게 준비된 질문에 대한 의존으로 이어진다. 그리고 준비된 질문에 대한 의존은 코칭의 중심을 바꿔놓는다. 고객이 아니라 질문이 중심이 된다. 관계가 아니라 기술이 중심이 된다. 만남이 아니라 수행이 중심이 된다. 코치는 고객의 말을 듣는 대신 이렇게 생각한다.

'지금 이 장면에 맞는 질문이 뭐였지?', '이쯤에서 통찰 질문을 던져야 하는데.' 고객의 감정은 '느끼는 대상'이 아니라 질문을 던지기 전에 처리해야 할 정보'가 된다. 고객의 말은 끝나기도 전에 분석되고, 분류되고, 다음 질문을 위한 재료로 전환된다. 이 순간, 코칭은 여전히 진행되고 있는 것처럼 보인다. 질문은 이어지고, 대화는 흐른다. 그러나 이미 중요한 것이 빠져 있다. 코칭대화에서 가장 중요한 것은 바로 함께하는 고객이다.

우리는 종종 이렇게 말한다. "강력한 질문을 던지지 못해서 코칭이 약해졌다." 그러나 실제로 코칭이 약해지는 이유는 전혀 다른 곳에 있다. 코칭이 약해지는 이유는 강력한 질문이 없어서가 아니라, 고객의 말을 충분히 듣지 않기 때문이다. 질문은 코칭의 출발점이 아니다. 질문은 경청의 결과다. 진짜 문제는 질문의 수준이 아니라, 경청의 깊이다. 효과적인 질문이란 무엇인가? 그것은 문장이 세련된 질문도 아니고, 통찰을 보장하는 질문도 아니다.

효과적인 질문은 단 하나의 조건을 충족한다. 그 질문이 고객의 말을 충분히 듣고 난 뒤에 나왔는가? 코칭에서 중요한 것은 '강력한 질문'을 찾는 것이 아니라 질문을 효과적으로 하는 것이다. 그리고 질문을 효과적으로 만든다는 것은 질문의 형태를 바꾸는 일이 아니라 질문이 태어나는 과정을 바꾸는 일이다. 효과적인 질문은 미리 준비되지 않는다. 그 질문은 코치의 노트에서 나오지 않는다. 그 질문은 오직 하나의 장소인 고객의 말 속에서만 태어난다. 고객은 이미 모든 신호를 보내고 있다. 고객은 코칭 세션 내내 끊임없이 신호를 보낸다. 문제는 우리가 그 신호를 듣지 못한다는 데 있다. 반복되는 단어, 유독 힘이 실리는 표현, 갑자기 낮아지는 목소리, 말을 멈추고 삼키는 숨, "사실은…", "늘…", "항상…"으로 시작되는 문장들이 우연이 아니다. 이것은 고객의 사고가 머무르고 있는 지점이며, 동시에 사고가 확장될 수 있는 입구다.

효과적인 질문의 핵심은 고객의 말을 분석하는 데 있지 않고 고객의 말에서 키워드를 발견하는 데 있다. 키워드는 고객의 생각이 스스로 자신을 드러내는 흔적이다. 그리고 그 키워드를 다시 고객에게 돌려주는 순간, 고객의 사고는 자연스럽게 확장되기 시작한다. "'방금', '항상'이라는 표현을 쓰셨는데, 그 '항상'에는 어떤 의미가 담겨 있을까요?", "계속 버텨왔다고 말씀하시는데 그 버팀의 끝에는 무엇이 있을 것 같으세요?" 이 질문들은 강력해 보이지 않는다. 교재에 실릴 만큼 세련되지도 않다.

그러나 이 질문들은 고객의 세계에서 태어났고, 그래서 고객의 사고를 가장 멀리 데려간다. 통찰은 질문이 만드는 것이 아니다. 통찰은 고객의 사고가 자기 자신을 다시 바라보는 순간에 일어난다. 그리고 그 순간을 가능하게 하는 것이 바로 준비되지 않은 질문이다. 여기서 말하는 준비되지 않은 질문은 즉흥적인 질문을 의미하지 않는다. 생각 없이 던지는 질문도 아니다. 준비되지 않은 질문이란, 고객의 말을 듣는 데에 완전히 준비된 상태에서 나오는 질문이다.

이 질문을 던지기 위해 코치는 질문을 준비하는 대신 자신을 비워야 한다. 다음 질문을 떠올리는 습관을 내려놓고, 코칭을 잘해 보이려는 욕망을 내려놓고, 통찰을 만들어내려는 조급함을 내려놓아야 한다. 그리고 오직 하나에만 집중해야 한다. 지금 이 고객이 어떤 세계를 살아가고 있는가? 가장 불안한 순간에, 가장 정확한 질문이 태어난다. 아이러니하게도 가장 효과적인 질문은 코치가 가장 불안한 순간에 등장한다. '지금 무슨 질문을 해야 하지?' 아무 질문도 떠오르지 않는 그 공백의 순간에 도망치지 않고, 질문을 억지로 만들어 내지 않고, 고객과 함께 그 자리에 머무를 수 있다면 질문은 자연스럽게 모습을 드러낸다. 그 질문은 계산되지 않았기에 진실하고, 연출되지 않았기에 정확하며, 준비되지 않았기에 고객에게 닿는다. 이제 질문을 더 준비하지 말자 이제 더 이상 질문을 더 준비하지 말자.

대신 듣는 힘을 더 준비하자. 질문의 목록을 늘리기보다 고객의 언어에 민감해지자. 기법을 쌓기보다 고객의 키워드를 붙잡는 연습을 하자. 코칭은 질문의 기술이 아니고 코칭은 주의력의 예술이다. 어디에 주의를 두느냐에 따라 질문의 깊이는 달라진다. 질문에 주의를 두면 코칭은 얕아지고, 고객의 말에 주의를 두면 질문은 저절로 깊어진다.

더 많은 질문을 남기기보다 질문을 준비하지 않아도 되는 용기를 남겼다면 그것으로 충분하다. 이제 코칭의 현장으로 돌아가자. 질문을 들고 가지 말고, 귀를 열고 가자. 그곳에서 준비되지 않은 질문이 가장 효과적인 질문이 되는 순간을 당신은 반드시 만나게 될 것이다.

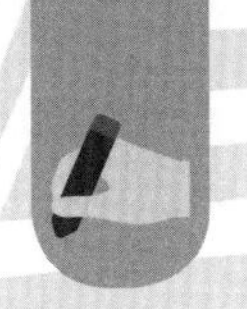

머무름의 공간

• 가장 살아 있었던 질문은 어떤 순간에 나왔는가?

• 질문을 준비하려는 나의 불안은 무엇에서 비롯되었는가?

• 질문을 믿기보다 무엇을 더 믿어야 할까?

이 파트는 코치의 삶과 태도 속에서 배어 나오는 코치다움을 이야기한다. 코치다움, 윤리, 자기인식, 자기관리, 전문성은 체크리스트가 아니다. 질문은 흉내 낼 수 있지만, 코치의 상태는 숨길 수 없다. 이 파트는 코칭의 질을 결정하는 코치다움의 본질을 탐구한다.

PART 2

코치다움이란
코치의 향기가 나야 한다

6장

코치의 향기는 어떻게 만들어지는가?

'코치는 답을 주는 사람이 아니다.' 이 문장은 코칭을 배우는 순간부터 가장 먼저 접하게 되는 문장이며, 동시에 가장 많이 오해되는 문장이기도 하다. 많은 사람들이 이 문장을 이렇게 번역한다. "그렇다면 코치는 아무것도 하지 않는 사람인가요?", "그저 가만히 듣기만 하는 역할인가요?", "고객의 인생에는 개입하지 않는 게 좋은 코치 아닌가요?" 이 질문들은 겉보기에는 코칭의 본질을 묻는 것처럼 보이지만, 사실 하나의 공통된 전제를 깔고 있다. 바로 '영향'과 '개입'을 동일한 것으로 보고 있다는 점이다.

코치는 고객의 문제를 대신 해결해 주지 않는다. 조언하지도 않고, 정답을 제시하지도 않는다. 그렇다고 해서 코치가 고객에게 아무 영향도 미치지 않는 존재는 아니다. 오히려 정반대다. 코치는 만나는 순간부터 고객에게 영향을 미친다. 말을 하지 않아도, 질문을 던지지 않아도, 그 자리에 어떤 태도로 존재하느냐 만으로도 이미 고객의 정서와 사고에 영향을 주고 있다. 이것이 바로 '코치의 향기'가 시작되는 지점이다.

우리는 사람에게서 느낌을 맡는다. 처음 만난 사람에게서 이런 말을 해본 적이 있을 것이다. "왠지 편안한 사람이다.", "말을 많이 안

했는데도 신뢰가 간다.”, “조금만 같이 있어도 에너지가 빠진다.”, “이 사람 앞에서는 괜히 나를 방어하게 된다.” 이 느낌은 어디에서 오는 것일까? 말투일까, 표정일까, 경력일까, 직함일까? 물론 부분적으로는 영향을 미칠 수 있다. 그러나 그것이 결정적인 요소는 아니다. 우리는 생각보다 훨씬 예민하게 상대가 어떤 태도로 나를 대하고 있는지, 지금 이 순간 나와 어떻게 존재하고 있는지를 감지한다. 그리고 그 감지는 말보다 먼저, 설명보다 빠르게 이루어진다.

사람들은 이를 흔히 이렇게 표현한다. “그 사람에게서 풍기는 분위기”, “그 사람만의 아우라”, “왠지 모르게 느껴지는 기운”. 코치에게도 마찬가지다. 아니, 코치에게는 오히려 더 중요하다. 코치에게는 ‘향기’가 있기 때문이다.

우리는 중요한 사람을 만나기 전에 향수를 뿌린다. 향수의 목적은 분명하다. 말을 하지 않아도, 눈을 마주치지 않아도 상대에게 영향을 미치기 위해서다. 향기는 이미 상대에게 도달한다. 코치에게 필요한 것도 이와 같다. 다만 그것은 냄새가 아니라 정서적 향기다. 코치의 향기는 말솜씨에서 나지 않는다. 질문의 기술에서 나지도 않는다. 화려한 이력이나 자격증에서 풍기는 것도 아니다. 코치의 향기는 태도와 자세에서 난다.

그래서 중요한 질문은 이것이다. 코치는 고객 앞에 어떻게 앉아 있는가?, 이것은 물리적 자세의 문제가 아니다. 정서적·심리적 자세의 문제다. 나는 이 사람을 고쳐야 할 대상으로 보고 있는가?, 아니면 이미 충분한 자원과 가능성을 가진 존재로 보고 있는가?, 나는 이 세션에서 잘 보이고 싶은가?, 아니면 이 사람의 삶이 더 또렷해지는 것이 중요한가? 이 질문에 대한 코치의 내적 답변은 말로 표현되지 않아도 고객에게 그대로 전해진다. 이것이 바로 코치의 향기다.

코치의 향기는 판단이 없는 공간에서 난다. 사람은 본능적으로 판단 받지 않는 공간에서 숨을 쉰다. 누군가 내 이야기를 들으면서 속으로 평가하고 있다는 느낌이 드는 순간, 우리는 즉시 말을 조심하게 된다. 방향을 바꾸고, 포장하고, 중요한 이야기를 뒤로 미룬다. 반대로 '이 사람 앞에서는 굳이 설명하지 않아도 되겠다.', '괜찮은 모습만 보여주지 않아도 되겠다.'라는 느낌이 드는 순간, 사람은 가장 핵심적인 이야기를 꺼낸다.

이때 고객이 느끼는 것이 바로 코치의 향기다. 안전하다, 편안하다, 숨길 필요가 없다, 있는 그대로 받아들여지고 있다는 감각의 향기는 애써 연출해서 만들어지지 않는다. 코치가 자기 안의 판단을 얼마나 내려놓았는가, 자신의 불안을 얼마나 인식하고 다룰 수 있는가, 잘하고 싶은 욕망을 얼마나 내려놓을 수 있는가에서 자연스럽게 난다.

불안한 코치는 불안을 전염시키고, 조급한 코치는 고객을 서두르게 만든다. 인정받고 싶은 코치는 고객을 수단으로 삼고, 확신이 없는 코치는 질문을 던지면서도 흔들린다. 반대로 안정된 코치는 고객을 안정시키고, 존중하는 코치는 고객이 자기 자신을 존중하게 만든다. 여유 있는 코치는 고객의 사고를 깊게 만든다. 이 모든 것은 말 이전에 전달되고, 설명 이전에 느껴진다. 그래서 코치에게는 기술보다 먼저 향기가 필요하다.

코치의 향기는 하루아침에 만들어지지 않는다. 향수는 뿌리면 되지만, 코치의 향기는 다르다. 그 향기는 내가 나를 어떻게 대하는지, 내 감정을 얼마나 인식하고 있는지, 불안할 때 그것을 숨기지 않고 다룰 수 있는지, 잘하고 싶은 욕심을 내려놓을 수 있는지, 이런 삶의 태도 전체에서 스며 나온다. 그래서 코치의 향기는 세션 중에만 나는 것이 아니다. 코치가 살아온 시간, 선택, 태도, 자기 성찰이 모두 농축되어 만들어진다.

코치를 만나고 난 뒤 고객이 이렇게 말한다면, 그 코치에게는 향기가 있는 것이다. "이상하게 답은 안 들었는데 마음이 정리됐어요.", "뭘 해야 할지는 제가 알게 됐어요.", "제 이야기를 제가 처음으로 제대로 들어본 느낌이었어요." 이것이 바로 코치의 향기가 남긴 흔적이다.

코치다움은 기술 이전의 태도이며, 질문 이전의 존재이고, 말 이전의 향기다. 그리고 그 향기는 코치가 되겠다고 결심한 순간부터, 아주 천천히, 자신의 삶에서부터 만들어진다.

머무름의 공간

- 나에게서 풍기고 있는 코치의 향기는 무엇이라 느껴지는가?

- 그 향기는 의도된 것인가, 무의식의 결과인가?

- 내가 지키고 싶은 코치로서의 결은 무엇인가?

7장

코치로서 윤리의식을 어떻게 구현할 것인가?

코치는 특별한 대화를 하는 사람이다. 코칭에서 오가는 대화는 일상적인 안부나 가벼운 농담이 아니다. 그것은 누군가의 인생이 잠시 멈춰 서 있는 지점에서, 혹은 방향을 잃고 흔들리는 순간에 흘러나오는 이야기다. 그 안에는 자존심이 걸려 있고, 두려움이 있으며, 때로는 수치심과 후회, 분노와 무력감이 함께 묻어 있다. 그래서 코칭은 언제나 조심스럽고, 그만큼 깊다.

이렇듯 깊은 이야기를 다루는 사람이기에, 코치에게 윤리는 단순히 '지켜야 할 규칙' 이전에 반드시 갖추어야 할 인간적 토대에 가깝다. 윤리는 강령 속 문장이 아니라, 한 사람의 삶과 선택을 지탱하는 기준이다. 코칭에서 윤리를 말할 때, 우리는 흔히 이렇게 생각한다. 윤리강령을 알고 있다. 비밀보장을 중요하게 여긴다. 고객을 존중하려는 마음이 있다. 물론 이 모든 것은 중요하다. 그러나 그것은 윤리의 완성이 아니라 출발선에 불과하다.

윤리는 선언이 아니라 구현이다. 머릿속에 알고 있는 것만으로는 충분하지 않다. 선한 의도를 갖고 있다고 해서 윤리적이라고 말할 수도 없다. 윤리는 언제나 행동으로 드러나고, 선택으로 증명된다. 특히 불편한 상황에서, 이해관계가 충돌하는 순간에, 그리고 나에게 불리한 선택을 해야 할 때도 지킬 수 있느냐는 질문 앞에서 코치의 윤리의식은 비로소 모습을 드러낸다.

아이러니하게도 윤리는 코칭이 잘 굴러갈 때는 거의 보이지 않는다. 고객과의 관계가 원만하고, 목표가 분명하며, 기대가 일치하고, 갈등이 없을 때는 윤리를 고민할 일이 거의 없다. 그저 좋은 대화가 오가고, 성과가 나고, 서로 만족스러운 관계가 유지된다. 그러나 윤리는 문제가 생겼을 때 등장한다. 이러지도 저러지도 못하는 순간, 어떤 선택을 해도 누군가는 불편해지고 손해를 보게 되는 상황, 바로 그 지점에서 코치는 선택해야 한다. 그리고 그 선택의 기준이 곧 윤리의 구현이다.

윤리는 선명한 상황에서 필요하지 않다. 윤리는 항상 딜레마 속에서 등장한다. 누구의 요구를 우선할 것인가? 어디까지가 비밀보장인가? 코칭과 관리, 코칭과 평가의 경계는 어디인가? 코치의 역할은 어디까지인가? 이 질문들에는 미리 적혀 있는 정답이 없다. 그래서 윤리는 더 어렵고, 동시에 더 중요하다.

부모가 자녀의 코칭을 의뢰하는 사례를 떠올려보자

요청은 명확하다. "아이가 스스로 공부하는 습관을 갖게 해주세요." 부모는 비용을 지불하는 사람이며, 코치를 고용한 이해관계자다. 그 요구를 가볍게 무시할 수는 없다. 그러나 코칭을 실제로 받는 사람은 자녀다. 세션이 진행되면서 아이는 점점 마음을 연다. 공부가 싫은 이유, 부모에 대한 불만, 늘 비교 당했던 경험, 기대에 부응하지 못할까 두려운 마음이 하나둘씩 흘러나온다.

그리고 어느 순간 아이는 이렇게 말한다. "이 이야기는 부모님께 말하지 말아 주세요." 그 순간 코치는 딜레마에 빠진다. 부모는 코칭의 의뢰자이고, 자녀는 코칭의 주체다. 비밀보장은 코칭의 핵심 원칙이다. 어느 한쪽을 선택하면 다른 한쪽을 배반하는 것처럼 느껴진다. 이때 윤리는 머릿속 지식으로 작동하지 않는다. 윤리는 관계 설정과 역할 인식으로 작동한다.

윤리적 코치는 즉흥적으로 결정하지 않는다. 코칭이 시작되기 전, 혹은 초반 계약 단계에서 관계의 구조를 먼저 설계한다. 코칭의 주체는 자녀임을 분명히 하고, 비밀보장의 범위를 부모와 사전에 합의한다. 부모에게 전달되는 것은 '내용의 공개'가 아니라 '과정의 요약'임을 명확히 한다. 그리고 아이에게도 말한다. "너의 이야기는 존중받을 거야. 다만 너의 안전이나 성장에 꼭 필요한 경우, 그리고 우리가 미리 합의한 범위 안에서는 함께 상의할 수 있어."

이것이 윤리를 세션 안에서 구현하는 방식이다. 윤리는 갈등이 생겼을 때 즉석에서 꺼내는 카드가 아니라, 관계의 구조를 설계하는 기준이다.

다음은 기업에서 CEO가 코치를 고용하는 사례를 떠올려보자

목표는 분명하다. "저성과자의 리더십을 개선해 주세요." CEO는 성과 개선과 태도 변화를 기대한다. 그러나 정작 코칭을 받는 당사자는 본인이 저성과자라는 인식을 받아들이지 못하는 경우가 많다. "성과가 안 나오는 건 환경 탓입니다.", "팀이 말을 안 듣습니다." 이런 말들이 이어진다.

코치는 또 다른 딜레마에 놓인다. 고용주는 CEO지만, 코칭의 주체는 임원이나 팀장이다. 코치는 평가자가 아니다. 그러나 조직의 맥락 또한 무시할 수 없다. 윤리가 없다면 코치는 쉽게 흔들린다. CEO의 눈치를 보거나, 내담자를 설득하려 들거나, 은근히 평가자

의 역할을 수행하게 된다. 이 순간 코칭은 코칭이 아니게 된다.

윤리의식이 구현된 코치는 자신의 역할을 분명히 인식한다. 코치는 성과를 평가하는 사람이 아니라, 변화의 가능성을 탐색하는 사람이다. 코칭은 강요가 아니라 선택이다. 그래서 코치는 계약 단계에서 코칭의 한계를 명확히 하고, 성과 보고를 행동 변화의 관찰 수준으로 제한한다. 고객에게 '성과자/저성과자'라는 프레임을 강요하지 않는다. 대신 이렇게 묻는다. "당신이 원하는 변화는 무엇입니까?", "지금의 방식이 당신에게 어떤 결과를 만들고 있습니까?", "이 자리에 계속 머무르고 싶은 이유는 무엇입니까?" 윤리는 누구의 편을 드느냐의 문제가 아니다. 윤리는 코치의 자리를 지키느냐의 문제다. 윤리는 코치를 보호한다.

윤리는 고객만을 위한 것이 아니다. 윤리는 코치를 보호한다. 감정적으로 휘말리지 않게 보호하고, 역할 혼동으로부터 보호하며, 관계 중독과 성과 압박으로부터 코치를 지켜준다. 윤리가 없는 코치는 좋은 사람일 수는 있어도, 좋은 코치가 되기는 어렵다. 윤리는 설명되지 않는다. 윤리는 선택에서 드러난다. 그리고 그 선택은 코치의 태도로 남는다.

고객은 코치가 윤리강령을 외우고 있는지 알지 못한다. 그러나 이것은 분명히 느낀다. 이 코치는 선을 넘지 않는다. 이 코치는 나를 이용하지 않는다. 이 코치는 나의 속도를 존중한다. 이 코치는 자기 이익보다 나의 성장을 우선한다. 그때 고객이 느끼는 것이 바로 코치의 향기다. 신뢰의 향기, 안전의 향기, 그리고 코치다움 그 자체의 향기다. 코치다움은 질문을 잘하는 데서 완성되지 않는다. 프로세스를 잘 아는 데서도 아니다. 코치다움은 딜레마의 순간에 어떤 기준으로 선택하는가에서 완성된다.

　윤리를 생각하는 코치는 많다. 그러나 윤리를 구현하는 코치는 많지 않다. 그리고 윤리를 구현하는 코치에게는 말하지 않아도 느껴지는 분명한 향기가 있다. 그 향기는 코칭이 끝난 뒤에도 오래 남아, 고객의 삶을 조용히 지탱해 준다.

머무름의 공간

• 코칭에서 윤리가 흔들릴 수 있는 순간은 언제인가?

• 그 순간 나는 어떤 선택을 해왔는가?

• 앞으로 윤리를 판단하는 나만의 기준은 무엇인가?

8장

자기인식을 하기 위해서는 지금 이 순간 깨어 있어야 한다

코칭을 하다 보면 코치는 종종 오해받는다. 사람들은 코치를 흔들리지 않는 사람으로 본다. 언제나 침착하고, 감정에 휘둘리지 않으며, 늘 중립적인 태도를 유지하는 존재라고 생각한다. 마치 감정의 파도 위에 서서도 젖지 않는 사람처럼, 어떤 상황에서도 균형을 잃지 않는 인간처럼 상상한다. 그러나 이것은 '코치'라는 역할에 대한 환상일 뿐, '코치라는 인간'의 실체와는 거리가 멀다.

코치는 고객보다 위에 있는 존재가 아니다. 코치는 고객보다 더 완성된 인간도 아니다. 코치는 고객보다 더 단단한 존재도 아니다. 코치 역시 불안하고, 흔들리고, 상처받고, 피로해지는 연약한 인간이다. 다만 코치에게 단 하나의 전문성이 있다면, 그것은 인간으로서의 우월함이 아니라 코칭 대화를 진행할 수 있는 전문성이다.

그럼에도 불구하고 많은 코치들은 코칭 관계 안에서 자신도 모르게 다른 위치에 서게 된다. 고객 앞에 앉아 있지만, 마음속에서는 이미 한 발짝 위로 올라서 있다. 고객의 이야기를 듣는 동시에 평가하고, 해석하고, 방향을 설정한다. 이것은 의도적인 권력 행사라기보다, 자기 인식이 흐려질 때 자연스럽게 발생하는 현상이다.

코치는 언제 '초자연적 존재'가 되는가? 코칭을 시작하면 코치는 자연스럽게 고객의 이슈에 집중한다. 고객의 말에 귀를 기울이고, 감정을 읽고, 사고의 구조를 파악하며, 가능성을 탐색한다. 이 과정은 코칭의 핵심이다. 문제는 바로 여기서 시작된다. 고객에게 집중하는 시간이 길어질수록, 코치는 점점 자기 자신을 잊어버린다. 내가 지금 어떤 감정을 느끼고 있는지, 이 질문은 호기심에서 나온 것인지 아니면 조급함에서 나온 것인지, 이 침묵은 고객을 위한 것인지 아니면 내가 불편해서 피하는 것인지 묻지 않게 된다.

이러한 자기 점검이 사라지는 순간, 코치는 자신을 관찰자나 중재자, 안내자를 넘어 마치 아무런 영향도 받지 않는 존재처럼 착각하게 된다. 이때 코치는 인간이 아닌 초자연적 존재로 둔갑한다. 깨어 있지 않은 코치는 자신을 투명하게 만든다. '나는 영향을 받지 않는다.', '나는 판단하지 않는다.', '나는 감정이 없다.' 나는 오직 고객만 본다. 이 믿음은 매우 고귀해 보인다. 그러나 동시에 극도로 위험하다.

자신을 투명한 존재로 설정한 코치는 자신의 감정과 반응을 더 이상 인식하지 못한다. 불편함이 올라와도, 짜증이 생겨도, 고객의 말에 동의하지 않는 순간이 와도, 무력감이나 피로가 쌓여도 그것을 '코치답지 않다'는 이유로 의식 밖으로 밀어낸다. 그러나 인식되지 않은 감정은 사라지지 않는다. 그것은 다른 방식으로 반드시 개입한다.

코치의 무의식은 반드시 대화에 개입한다. 코치는 말을 조심하고, 표정을 관리하고, 질문을 정제한다. 겉으로 보기에는 매우 안정적이고 중립적인 대화를 이어간다. 그러나 자기 인식이 부족한 코치는 자기도 모르게 대화에 흔적을 남긴다. 질문이 미묘하게 유도적으로 변하고, 특정 선택을 은근히 강조하며, 고객의 말을 지나치게 반복하거나 불편한 주제를 빠르게 넘기려 한다. 이것은 기술의 문제가 아니다. 자기 인식의 문제다.

코치는 스스로 중립적이라고 믿지만, 실제로는 자신의 무의식이 대화의 방향을 이끌고 있는 경우가 적지 않다. 그래서 코치는 끊임없이 자신을 '검열'해야 한다. 여기서 말하는 검열은 자기 비난이나 자기 억압이 아니다. 그것은 지금 이 순간 깨어 있는 점검이다. 지금 내가 던진 말은 고객의 말에서 나온 것인가? 아니면 나의 해석인가? 나는 지금 수용하고 있는가? 아니면 속으로 평가하고 있는가? 이 질문에는 진짜 호기심이 있는가? 아니면 방향을 설정하고 싶은 욕심이 숨어 있는가? 나는 지금 고객의 속도를 존중하고 있는가? 아니면 나 자신의 불안을 해소하고 싶은가? 이러한 질문을 스스로에게 던질 수 있는 코치만이 진짜로 깨어 있는 코치다.

많은 코치들이 언행일치를 도덕의 문제로 생각한다. 그러나 코칭에서의 언행일치는 도덕 이전에 자각의 문제다. '내가 지금 하는 말과 내 마음의 방향이 같은지?' 겉으로는 중립을 말하면서 속으로는 이미 결론을 정해 두지 않았는지 인식하지 못하면 언행은 쉽게 분리된다. 코치는 고객에게 "선택은 당신의 몫입니다."라고 말하면서도 속으로는 '이 선택이 맞는데…'라고 생각할 수 있다. 이 미세한 어긋남을 감지하지 못하는 순간, 코칭은 이미 왜곡되기 시작한다.

코치의 자기 인식은 자기 계발을 위한 것이 아니다. 전문성을 증명하기 위한 장치도 아니다. 그것은 고객이라는 존재에 대한 예의다. 고객은 자신의 삶에서 가장 중요한 이야기를 꺼낸다. 때로는 평생 누구에게도 하지 않았던 이야기를 한다. 그 앞에 앉아 있는 코치는 자신의 상태를 모른 채 그 이야기를 받아들일 권리가 없다. 나는 지금 이 이야기를 들을 준비가 되어 있는가? 내 감정은 이 대화를 왜곡하지 않는가? 나는 지금 이 사람 앞에서 진짜로 깨어 있는가? 이 질문은 코치의 기술이 아니라 자격을 묻는 질문이다.

깨어 있는 코치는 완벽한 코치가 아니다. 이것은 매우 중요한 오해다. 깨어 있는 코치는 실수도 하고, 놓치기도 하며, 감정이 올라오기도 한다. 차이는 단 하나다. 깨어 있는 코치는 그것을 알아차린다. "방금 제가 한 질문에는 조급함이 있었네요.", "이 주제에서 제가 조금 불편해진 것 같습니다.", "잠시 멈추고 제 상태를 점검해도 될까요?" 이러한 자각은 코치의 약점이 아니라 코치다움의 정점이다.

코치는 고객을 이끄는 사람이 아니다. 앞서가는 사람도 아니다. 코치는 같은 길을 다른 위치에서 함께 걷는 사람이다. 그러기 위해서는 고객만 바라볼 것이 아니라, 자기 자신을 함께 바라볼 수 있어야 한다. 코치 자신의 존재를 인식하지 못하는 코치는 결국 고객의 존재도 온전히 만날 수 없다. 매순간 깨어 있는 코치만이 코치다움을 만든다. 코치다움은 기술의 집합이 아니다. 태도의 나열도 아니다. 그것은 매 순간 깨어 있으려는 선택에서 만들어진다.

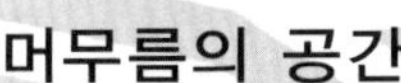

머무름의 공간

• 나는 코칭 중 언제 자동 반응으로 돌아갔는가?

• 그 반응 뒤에 숨은 나의 감정은 무엇이었는가?

• 깨어 있기 위해 내가 선택할 수 있는 작은 실천은 무엇인가?

9장

자기관리는 멀고 험난한 수행의 길

코치는 타인의 삶에 깊숙이 들어가는 사람이다. 고객의 혼란과 두려움, 욕망과 모순, 때로는 스스로도 직면하지 못한 부끄러움이 여과 없이 드러나는 자리 한가운데에 앉아 있는 사람이다. 그 자리는 안전하지만 결코 가볍지 않다. 그 무게를 감당하기 위해 코치에게 필요한 것은 더 정교한 질문이나 더 세련된 기법이 아니다. 그보다 먼저 요구되는 것은 자기 자신에 대한 냉철한 인식과 지속적인 관리다. 그래서 오래된 전통 속에서 코치의 삶은 종종 성직자의 삶에 비유된다. 절제, 인내, 성찰, 그리고 무엇보다 자기 자신에게 정직해야 한다는 점에서 닮아 있기 때문이다. 코치의 자기관리는 하나의 기술이 아니라 삶의 태도이며, 더 나아가 말하면 수행(修行)에 가깝다.

코치는 왜 자기 자신에게 가장 엄격해야 하는가? 자기 자신을 잘 알지 못하는 코치는 아무리 정교한 질문을 던져도 결국 자신의 무의식을 고객에게 투사하게 된다. 자신의 불안, 인정 욕구, 미해결 과제는 '관심', '공감', '도움'이라는 이름으로 포장되어 고객의 세계로 흘러들어간다.

그래서 코치에게 자기관리는 단순히 '나를 잘 관리한다.'는 차원을 넘어선다. 그것은 '나의 그림자를 인식하는 일'이다. 나는 언제 고객을 통해 인정받고 싶어지는가? 나는 어떤 유형의 고객에게 과도하게 반응하는가? 나는 무엇을 듣기 싫어하는가? 나는 어떤 침묵을 견디지 못하는가? 이 질문들 앞에서 정직하지 못한 코치는 결국 고객의 성장을 돕는 사람이 아니라, 자신의 불안을 관리하는 사람이 되고 만다. 코칭이라는 이름으로, 사실은 자신의 내면을 안정시키는 일을 하고 있는 셈이다.

많은 전문가들은 자신의 취약성을 감추는 데 익숙하다. 모른다고 말하는 것, 흔들린다고 고백하는 것, 완벽하지 않다는 사실을 드러내는 것은 전문가로서의 권위를 무너뜨리는 일처럼 느껴지기 때문이다. 특히 코치라는 직업은 '듣는 사람', '지지하는 사람', '흔들리지 않는 사람'이라는 이미지가 강하다. 그 결과 코치 스스로도 어느 순간부터 강해야 한다는 강박에 사로잡히기 쉽다. 그러나 아이러니하게도 코칭 현장에서 고객의 마음을 여는 힘은 코치의 완벽함이 아니라 코치의 인간다움에서 나온다.

고객은 코치 앞에서 말로 묻지 않지만, 마음속으로는 끊임없이 질문한다. '이 사람은 나를 평가하지 않을까?', '이 사람은 나를 이해할 수 있을까?', '이 사람 앞에서 나는 안전한가?'. 이 질문에 대한 답은 코치가 얼마나 멋진 질문을 던지는가로 결정되지 않는다. 코치의 존재가 얼마나 솔직한가? 얼마나 자기 자신을 알고 있는가에서 결정된다. 자신의 취약성을 인식하고 있는 코치는 고객의 취약성 앞에서 서두르지 않는다. 고객의 불완전함을 고치려 들지 않는다. 그저 그 자리에 머문다. 그리고 그 머묾 자체가 신뢰가 된다.

여기서 말하는 '취약성을 드러낸다.'는 것은 세션에서 자신의 이야기를 늘어놓는 것을 의미하지 않는다. 그것은 자기 고백이나 감정의 배

줄이 아니다. 취약성을 드러낸다는 것은 이미 충분히 성찰하고 소화한 자신의 한계를 알고 있는 상태를 말한다. 나는 이 주제에서 감정적으로 반응할 수 있다는 것을 안다. 나는 이 유형의 상황에서 판단이 흐려질 수 있다는 것을 안다. 그래서 여기까지는 책임질 수 있지만, 여기부터는 조심해야 한다. 이 인식이 바로 자기관리의 핵심이다.

취약성을 인식하지 못한 코치는 자신도 모르는 사이에 위험한 확신을 갖는다. '나는 이 고객을 도울 수 있다.', '이건 내가 잘 아는 주제다.', '이쯤이면 방향을 제시해도 되겠다.' 반면, 자신의 취약성을 인식한 코치는 다르다. '이 부분에서는 내가 한발 물러나야겠다.', '이건 코칭의 영역을 넘어서는 문제일 수 있다.', '지금은 질문보다 침묵이 필요하다.' 이 판단이 가능한 사람만이 코치로서 오래, 그리고 안전하게 일할 수 있다.

취약성을 정직하게 인식한 코치에게서는 묘한 안정감이 풍긴다. 사람은 말보다 존재에서 더 많은 메시지를 읽는다. 그 안정감은 자신감에서 나오지만, 그 자신감은 우월감이 아니라 자기 수용에서 비롯된다. 나는 모든 것을 알지 않아도 된다. 나는 완벽하지 않아도 된다. 나는 여전히 배우는 사람이다. 이 태도를 지닌 코치는 고객을 통제하려 하지 않고, 고객의 답을 대신 찾으려 하지 않는다. 그 결과 고객은 코치 앞에서 처음으로 자기 자신에게 솔직해진다.

아이러니하게도 자기관리를 잘하는 코치는 자기관리를 드러내지 않는다. 자신의 공부를 과시하지 않는다. 자신의 경험을 무기로 사용하지 않는다. 자신의 성과로 고객을 압도하지 않는다. 대신 고객의 속도에 맞추고, 고객의 언어를 존중하며, 고객의 침묵을 기다릴줄 안다. 이 여유는 하루아침에 만들어지지 않는다. 수없이 자신을 돌아보고, 자신의 한계를 인정하고, 자신의 취약성을 정면으로 마주한 사람만이 가질 수 있다. 그래서 코치의 자기관리는 외적인 관리가 아니라 내적인 정직함의 축적이다.

자신의 취약성을 인정하지 못하는 코치는 늘 긴장 속에 산다. 들킬까 봐, 흔들릴까 봐, 권위가 무너질까 봐. 반면 자신의 취약성을 받아들인 코치는 자유롭다. 이미 알고 있기 때문에 굳이 숨길 필요가 없다. 이 자유로움은 코치 자신을 살리고, 동시에 고객을 살린다. 코칭은 결국 완벽한 사람이 불완전한 사람을 돕는 일이 아니다. 불완전함을 받아들인 사람이 또 다른 불완전함과 함께 걷는 일이다.

다시 질문으로 돌아가 보자. 코치로서의 자기관리란 무엇인가. 그것은 몸을 관리하는 일도, 지식을 쌓는 일도, 윤리를 지키는 일도 모두 포함한다. 자기 자신에게 솔직해지는 것. 자신의 취약성을 직면하고, 그 취약성을 관리하며, 그 취약성 때문에 타인을 해치지 않겠다고 결단하는 것. 그리고 이 길은 짧지도, 쉽지도 않다. 멀고 험난하며, 끝이 보이지 않는다. 그래서 코치의 자기관리는 끊임없는 수행의 길이다.

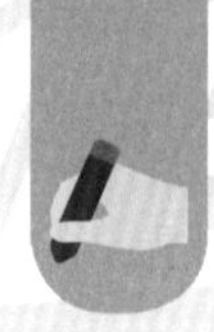

머무름의 공간

• 코치로서 나의 에너지는 지금 어떤 상태인가?

• 나를 소진시키는 패턴은 무엇인가?

• 코치를 오래 지속하기 위해 지켜야 할 것은 무엇인가?

10장

코치의 전문성은 input 아닌, output

코치가 되기로 결심한 사람들 대부분은 성실하다. 그리고 그 성실함은 대개 '학습'이라는 형태로 드러난다. 코칭 이론을 배우고, 질문 모델을 익히고, 역량 프레임을 암기한다. 워크숍과 수련 과정을 찾아다니며 끊임없이 자신을 채운다. 이 과정은 분명 의미가 있다. 코칭은 즉흥이나 감각만으로 할 수 있는 일이 아니기 때문이다. 기본적인 철학과 윤리, 구조에 대한 이해 없이 고객을 만나는 것은 코치에게도, 고객에게도 위험하다.

그러나 어느 순간부터 많은 코치들이 같은 질문 앞에서 멈춘다. '나는 아직 준비가 덜 된 것 같다.', '조금만 더 배우고 나서 시작해야 하지 않을까?', '지금 내 수준으로는 고객을 만나기 부족하지 않을까?' 이 질문은 겸손처럼 들리지만, 그 이면에는 두려움이 자리 잡고 있는 경우가 많다. 실패에 대한 두려움, 책임에 대한 두려움, 그리고 '전문가답지 않게 보일까 봐' 느끼는 두려움이다.

전문성은 공부의 총량이 아니다. 전문성은 책임질 수 있는 실천의 깊이에서 만들어진다. 그러나 많은 코치들은 책임이 따르지 않는 학습 공간에 머무르며 안전하게 전문성을 준비하려 한다. 배움의 공간에서는 실수해도 된다. 평가받지 않는다. 책임지지 않아도 된다. 하지만 코칭은 다르다. 코칭은 지식 전달이 아니라 '만남의 기술'이다.

코칭의 전문성은 지식을 얼마나 알고 있는가? 로 측정되지 않는다. 고객이 무엇을 말하든, 상황이 얼마나 복잡하든, 세션이 얼마나 예측 불가능하든, 그 순간 고객과 함께 그 자리에 머무를 수 있는가? 이것이 코치의 전문성을 가른다. 이 능력은 책을 읽는다고 생기지 않는다. 강의를 듣는다고 자동으로 몸에 배지 않는다. 오직 실제 고객을 만나고, 실제 계약을 하고, 실제 합의를 만들고, 실제 책임을 지는 과정에서만 형성된다.

코칭은 '알고 있는 것'을 보여주는 일이 아니라, '지금 여기서 일어나고 있는 것'을 다루는 일이기 때문이다. 그래서 코치의 전문성은 input이 아니라 output에서 만들어진다. 여기서 말하는 output이란 단순히 말을 많이 하거나 코칭 횟수를 늘리는 것을 의미하지 않는다. output이란 세 가지 용기를 포함한다.

첫째, 고객을 실제로 만날 용기
둘째, 코칭 계약을 명확히 설계할 용기
셋째, 코칭의 결과에 대해 책임질 용기

이 세 가지가 결여된 상태에서는 아무리 많은 학습도 전문성으로 전환되지 않는다. 특히 코칭 계약과 코칭 합의는 코치의 전문성이 가장 적나라하게 드러나는 지점이다. 무엇을 코칭 할 것인가? 무엇을 하지 않을 것인가? 어디까지가 코칭의 영역인가? 이 관계에서 코치의 역할은 무엇인가? 이 질문 앞에서 명확하지 못한 코치는 아무리 이론을 많이 알고 있어도 전문가로 신뢰받기 어렵다.

진정한 코치의 전문성은 세션 중 멋진 질문을 던질 때보다, 세션 이전에 무엇을 합의하는가에서 먼저 드러난다. 많은 코치들이 계약을 형식적인 절차로 여긴다. "코칭은 이런 겁니다.", "몇 회기 진행합니다.", "비용은 얼마입니다." 그러나 이것은 계약이 아니라 안내에 가깝다.

전문적인 코치는 계약을 '설명'하지 않고 '공동 설계'한다. 고객이 진짜 원하는 변화는 무엇인지?, 그 변화가 코칭으로 가능한 영역인지?, 코치와 고객의 역할은 어떻게 나뉘는지? 성공의 기준은 무엇인지? 이 과정을 함께 만들어갈 수 있을 때 고객은 비로소 코치를 '도와주는 사람'이 아니라 전문적인 파트너로 인식한다.

input에 머무르는 코치는 종종 이런 말을 한다. "이론은 알겠는데 실제로는 다르더라.", "고객마다 달라서 적용이 어렵다.", "아직 내 스타일이 정립되지 않았다." 이 말들은 사실이다. 그러나 동시에 output을 미루는 합리화이기도 하다. 스타일은 혼자 공부한다고 만들어지지 않는다. 고객을 만나지 않고서는 자신의 강점도, 한계도 드러나지 않는다.

코칭의 전문성은 실패를 통과한 흔적이다. 합의가 어긋났던 경험, 개입이 과했던 순간, 침묵을 견디지 못했던 기억. 이 모든 것이 쌓여 코치를 전문가로 만든다. output 중심의 코치는 다르게 성장한다. 완벽한 준비 상태에서 출발하지 않는다. 다만 정직한 태도로 출발한다. 모르는 것은 모른다고 말한다. 불확실한 영역을 명확히 구분한다. 코칭의 한계를 숨기지 않는다. 아이러니하게도 이 태도가 고객에게는 가장 큰 신뢰로 작용한다. 전문성은 전능함에서 나오는 것이 아니라, 경계를 아는 능력에서 나오는 것이다.

코치의 전문성은 '보여주는 것'이 아니라 '작동하는 것'이다. 고객은 코치의 자격증을 보고 변하지 않는다. 고객은 코치의 말솜씨에 감동해서 변하지 않는다. 고객이 변하는 순간은 단 하나다. '아, 이 사람과 함께라면 내가 나를 더 깊이 볼 수 있겠구나!' 이 느낌을 만들어내는 힘이 바로 코치의 전문성이다. 그리고 이 힘은 output을 통해서만 만들어진다.

지금 이 글을 읽고 있는 코치에게 이 질문을 던지고 싶다. '당신은 무엇을 더 배우고 있는가?' 동시에, 무엇을 실제로 실행하고 있는가? 당신의 전문성은 어디에서 검증되고 있는가? input은 중요하다. 그러나 input만으로는 코치는 결코 완성되지 않는다. 코치는 고객을 만나야 성장하고, 합의해야 전문성이 드러나며, 책임져야 신뢰를 얻는다.

코치다움이란 지식의 양이 아니라 현장에서 작동하는 존재감이다. 책을 덮고 나면 사라지는 이론이 아니라, 고객의 삶 속에 남는 경험. 그 경험을 만들어낼 용기를 가진 코치에게서 자연스럽게 향기가 난다.

그 향기는 말로 설명되지 않는다. 그러나 분명히 느껴진다. '이 사람은 준비된 사람이다.' 그 준비는 input의 결과가 아니라, output의 선택에서 완성된다.

머무름의 공간

• 내가 많이 공부했지만 전달되지 않았던 순간은 언제였는가?

• 고객에게 실제로 영향을 준 나의 행동은 무엇이었는가?

• 나의 전문성을 증명하는 기준을 무엇으로 바꾸고 싶은가?

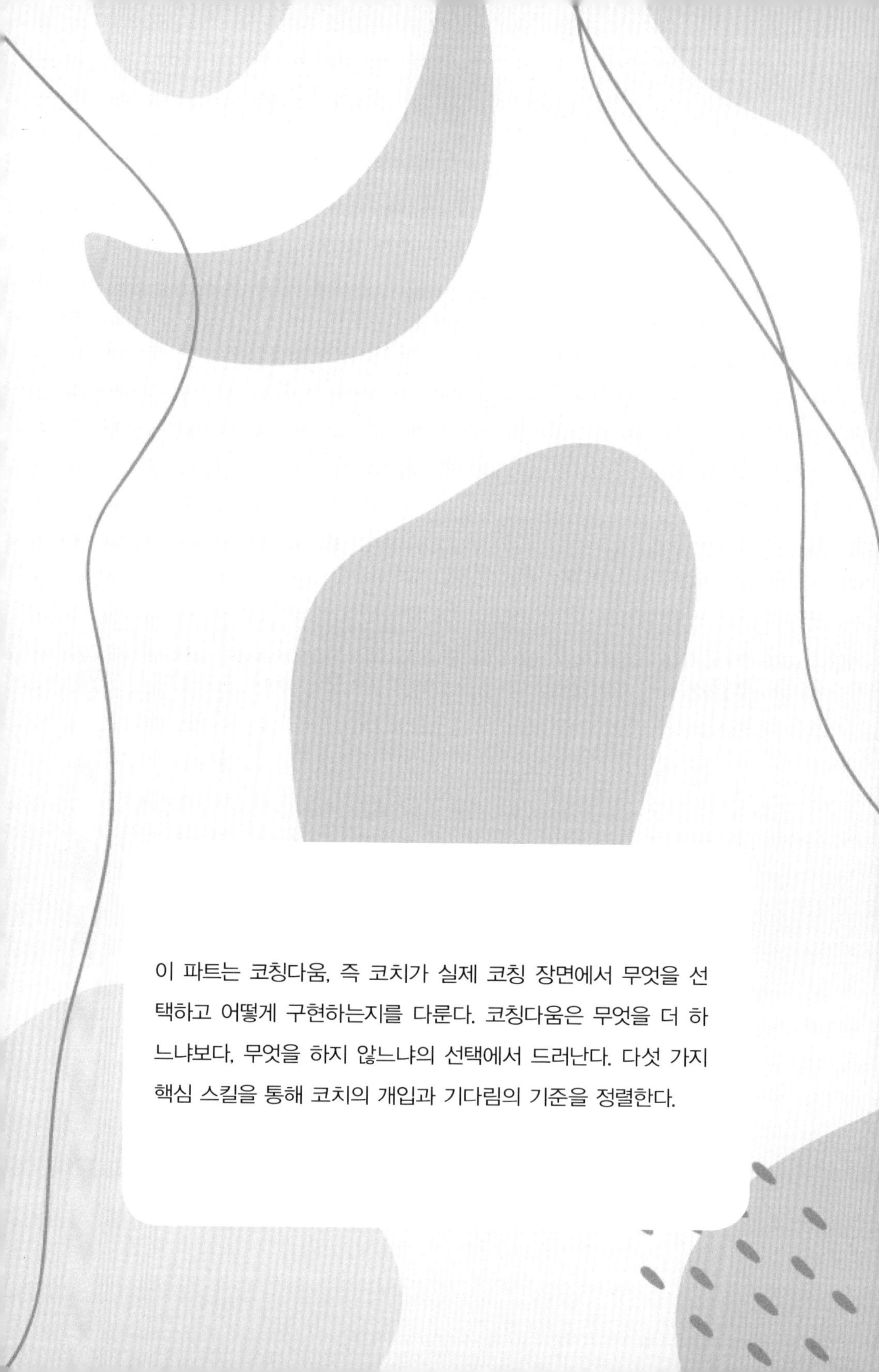

이 파트는 코칭다움, 즉 코치가 실제 코칭 장면에서 무엇을 선택하고 어떻게 구현하는지를 다룬다. 코칭다움은 무엇을 더 하느냐보다, 무엇을 하지 않느냐의 선택에서 드러난다. 다섯 가지 핵심 스킬을 통해 코치의 개입과 기다림의 기준을 정렬한다.

PART 3

코치가 갖추어야 할
핵심 스킬 5가지

11장

코치의 첫 과제는 경청의 패러다임 변화

경청이 중요하다는 사실을 모르는 코치는 없다. 코칭 교육을 한 번이라도 받아본 사람이라면 누구나 "코칭의 핵심은 경청이다."라는 말을 귀에 못이 박히도록 들어왔을 것이다. 실제로 코칭 교재의 첫 장에는 언제나 경청이 등장하고, 역량 모델에서도 경청은 가장 기본적이면서도 핵심적인 역량으로 제시된다.

그럼에도 불구하고, 코칭 현장에서는 이상한 장면이 반복된다. 코치는 말을 끊지 않는다. 고객의 이야기를 끝까지 듣는다. 고개를 끄덕이고, 중간중간 짧은 반응도 한다. 표면적으로 보면 '잘 듣고 있는 코치'다. 그런데 세션이 끝나고 나면 어딘가 허전하다. 고객의 표정은 크게 달라지지 않고, 대화는 안전했지만 깊지는 않다. 코치 자신도 마음 한편에서 이런 질문이 올라온다.

"분명히 경청했는데, 왜 아무 일도 일어나지 않았을까?"

이 질문은 많은 코치들이 혼자서만 품고 지나치는 질문이다. 그리고 대부분은 이렇게 스스로를 위로한다. "아직 경험이 부족해서 그렇겠지.", "질문이 더 좋아지면 달라질 거야." 하지만 문제의 핵심은 질문의 질이나 경험의 양에 있지 않다. 문제는 우리가 경청을 어떻게 이해하고 있는가에 있다.

경청은 '듣는 행위'가 아니다. 대부분의 코치들은 경청을 '듣는 행위'로 이해한다. 상대의 말을 끊지 않고, 판단하지 않고, 조언하지 않으며 귀로 잘 듣는 것. 물론 이것은 경청의 기본 조건이다. 그러나 이것만으로는 코칭에서 충분하지 않다.

코칭에서의 경청은 소극적인 수용이 아니라, 적극적인 관계 행위다. 다시 말해, 코치가 지금 이 순간 고객의 세계 안에 함께 들어와 있다는 사실을 고객이 느낄 수 있도록 만드는 행위다. 아무리 집중해서 듣고 있어도 고객이 "이 사람이 정말 내 이야기를 듣고 있구나."라고 느끼지 못한다면, 그 경청은 코칭 안에서 실제로 존재하지 않는다. 그래서 경청에는 반드시 '표현'이 필요하다. 고개를 끄덕이는 몸의 반응, 짧은 호응. "그때 많이 답답하셨겠어요?"와 같은 공감적 언어, 고객의 말을 정리해 되돌려주는 재진술, 중요한 포인트를 짚어주는 반영. 이 모든 것은 말을 많이 하기 위한 기술이 아니다. 경청을 보이게 만드는 장치다.

코치는 침묵으로만 경청하지 않는다. 침묵이 의미를 갖기 위해서는, 그 이전과 이후에 충분한 상호작용이 필요하다. 적절한 반응과 표현을 통해 코치는 고객에게 이렇게 말하는 것이다.

"나는 지금, 당신의 이야기에 함께하고 있습니다."

경청은 정보를 모으는 일이 아니라, 존재를 읽는 일이다. 많은 코치들이 경청을 정보 수집의 관점에서 접근한다. 무슨 일이 있었는지, 어떤 문제가 있는지, 상황이 어떻게 전개되었는지. 이 접근은 특히 초보 코치에게 자연스럽다. 이해해야 질문할 수 있다고 믿기 때문이다. 그러나 코칭에서 더 중요한 것은 사건 그 자체가 아니다. 중요한 것은 그 사건을 대하는 고객의 존재방식이다.

같은 상황을 겪어도 어떤 사람은 자신을 비난하고, 어떤 사람은 타인을 원망하며, 어떤 사람은 아무 감정도 느끼지 않으려 한다. 이 차이를 만들어내는 것은 사건이 아니라, 그 사람의 삶의 패턴이다. 경청을 깊이 하다 보면 자연스럽게 이런 단서들이 드러난다. 반복해서 등장하는 단어와 표현, 특정 주제에서 유난히 강해지는 감정, 책임을 자신에게 돌리는지 외부로 돌리는지의 경향, "항상", "늘", "어쩔 수 없이"와 같은 언어 습관. 이것들은 단순한 말버릇이 아니다. 고객이 세상을 살아오며 만들어온 자동 반응의 흔적이다.

중요한 것은, 이 알아차림을 코치 혼자만의 해석으로 끝내지 않는 것이다. 경청을 통해 포착한 존재의 패턴은, 조심스럽지만 명확한 언어로 고객에게 되돌려져야 한다. "말씀을 듣다 보니, 늘 혼자 감당해야 한다는 책임을 지고 계신 것처럼 느껴집니다.", "이야기 속에서 스스로에게 굉장히 엄격한 기준을 적용하고 계신 모습이 반복해서 보이네요."

이 순간, 경청은 더 이상 태도에 머무르지 않는다. 그것은 변화를 촉발하는 개입이 된다. 적극적 경청의 본질은 상호작용이다. 코칭에서 경청을 가장 잘 설명하는 단어는 '상호작용'이다. 코칭은 고객의 독백을 조용히 들어주는 시간이 아니다. 코칭은 고객과 코치가 함께 만들어가는 대화의 장이다.

상호작용이 없는 경청은 관찰에 머문다. 그러나 상호작용이 살아 있는 경청은 관계를 만들고, 안전감을 형성한다. 고객은 "이 사람은 나를 판단하지 않는다.", "이 정도까지 말해도 괜찮겠다."라는 감각이 생길 때, 비로소 마음 깊은 이야기를 꺼낸다. 이 안전감은 질문 이전에, 해결 이전에, 목표 설정 이전에 이미 결정된다. 그리고 그 출발점은 언제나 경청의 방식이다.

경청은 3단계로 작동한다. 경청은 재능의 문제가 아니다. 구조화된 접근을 통해 누구나 훈련할 수 있다. 코칭에서 경청은 세 단계로 작동할 때 가장 안정적이고 깊어진다.

1단계: 사실적 경청– 귀로 듣고, 호기심을 갖다.

첫 번째 단계는 고객이 말하는 사실과 내용을 듣는 것이다. 이 단계의 핵심은 이해가 아니라 호기심이다. 왜 이 표현을 선택했을까? 이 장면에서 무엇이 중요했을까? 이 호기심은 코치의 머릿속에만 머물러서는 안 된다. 반드시 질문으로 연결되어 고객에게 드러나야 한다.

"그때 '무력했다'고 표현하셨는데, 그 말에 담긴 의미가 궁금합니다." 이 질문 하나로 고객은 자신이 세심하게 경청 받고 있다는 신호를 받는다.

2단계: 공감적 경청– 마음의 귀로 듣다.

두 번째 단계는 감정을 듣는 경청이다. 사실 이면에는 언제나 감정이 있다. 말로 표현되지 않은 마음을 알아차리고, 판단이 아닌 측은지심으로 고객을 만난다. "그 이야기를 하시는 걸 보니, 많이 외로우셨을 것 같아요." 공감적 경청은 문제를 해결하지 않는다. 그저 고객의 마음에 함께 머물러 준다. 그러나 바로 그 머묾이, 다음 단계로 나아갈 힘을 만든다.

3단계: 욕구 경청 – 가장 깊은 곳을 알아차리다.

마지막 단계는 가장 깊은 경청이다. 감정 아래에는 늘 욕구가 있다. 인정받고 싶은 욕구, 안전하고 싶은 욕구, 자유롭고 싶은 욕구, 의미 있게 살고 싶은 욕구. 코치가 이 욕구를 알아차려 언어로 되돌려 줄 때, 고객에게는 강력한 아하 모먼트가 일어난다. "결국 이 모든 이야기의 바탕에는 있는 그대로 존중받고 싶다는 마음이 있는 것처럼 느껴집니다."

이때 고객은 비로소 자신도 명확히 인식하지 못했던 진짜 주제를 만난다. 코치의 첫 과제는 경청을 다시 정의하는 것이다.

코치에게 가장 먼저 필요한 것은 질문 리스트가 아니다. 화려한 기법도, 정교한 프로세스도 아니다. 경청에 대한 패러다임 전환이다. 경청은 침묵이 아니다. 경청은 표현이다. 경청은 이해가 아니라 상호작용이다. 경청은 기술 이전에 관계를 여는 행위다. 이 관점이 자리 잡을 때, 질문은 억지로 만들어내지 않아도 자연스럽게 흘러온다. 침묵은 어색함이 아니라 깊이를 만드는 공간이 된다. 그래서 코치의 첫 과제는 명확하다.

머무름의 공간

- 고객의 말 이면에서 무엇을 듣고 있었는가?

- 듣지 못했던 것은 무엇이었는가?

- 다음 코칭에서 경청의 초점을 어디에 둘 것인가?

12장

질문은 고객을 움직이게 하는 리모컨과 같다.

코칭 현장에서 가장 자주, 그리고 가장 선명하게 마주하게 되는 놀라운 장면이 하나 있다. 고객은 코치의 질문에 거의 항상 대답한다는 사실이다. 즉답하기 어려운 질문에도, 맥락이 다소 어긋난 질문에도, 때로는 자기 스스로도 불편해하던 지점을 건드리는 질문 앞에서도 고객은 가능한 한 성의 있게 답하려 애쓴다. 이 장면은 코칭을 오래 해볼수록 더욱 분명해진다.

이것은 고객이 순진해서가 아니다. 질문을 던지는 코치를 신뢰하기 때문에 가능한 태도다. 고객은 코치 앞에서 놀라울 만큼 순수한 존재가 된다. 자기 삶의 맥락을 설명하려 애쓰고, 말로 표현되지 않는 감정을 언어로 끌어올리려 노력하며, 때로는 아직 정리되지 않은 생각마저도 그대로 꺼내놓는다. 바로 이 지점 때문에 질문은 결코 가벼운 행위가 될 수 없다.

질문 하나로 고객의 '채널'은 바뀐다. 리모컨의 버튼을 누르면 화면이 전환되듯, 코치의 질문 역시 고객의 사고 화면을 전환시킨다. 어떤 질문은 고객을 과거로 이동시킨다. 어떤 질문은 고객을 감정의 세계로 데려간다. 또 어떤 질문은 고객을 해석과 판단의 틀 안에 가두고, 어떤 질문은 고객을 가능성의 공간으로 이동시킨다. 고객은 질문을 받는 순간, 그 질문이 열어놓은 사고의 채널로 자연스럽게 이동한다. 그래서 질문은 단순한 대화 도구가 아니라, 고객의 의식과 사고 방향을 움직이는 리모컨이다. 그렇기 때문에 질문은 방향을 가진다. 그리고 질문은 초점을 만들고, 선택지를 열기도 하고 닫기도 한다. 이 사실을 인식하지 못한 채 던지는 질문은 생각보다 위험하다.

그래서 많은 코치들이 유도 질문을 경계해야 한다. 이미 답을 정해놓고 고객을 특정 방향으로 끌고 가는 질문은 분명 코칭이 아니다. 이는 고객의 사고를 확장시키는 질문이 아니라, 코치의 생각을 증명하기 위한 질문에 가깝다. 그러나 유도 질문을 피하겠다는 의지가 또 다른 극단으로 이어지는 경우도 적지 않다. "그냥 떠오르는 대로 질문하면 되지 않나요?"라는 말이 바로 그것이다. 질문은 자유로워야 한다는 믿음이, 의도 없는 질문을 정당화하는 근거가 되기도 한다. 하지만 의도 없는 질문은 자유로운 질문이 아니라 무작위적인 개입이다.

코칭에서 질문은 자유로워야 하지만, 결코 무책임해서는 안 된다. 질문에는 반드시 목적의식, 즉 의도성이 있어야 한다. 이 질문은 '고객의 말을 구체화하기 위한 질문인가?', '이 질문은 고객의 고착된 사고를 흔들기 위한 질문인가?', '이 질문은 고객의 가능성과 의식을 확장하기 위한 질문인가?' 질문의 의도가 분명할수록 질문은 힘을 갖는다. 반대로 의도가 없는 질문은 고객의 사고를 분산시키고, 세션의 에너지를 흩어놓는다.

질문은 생각을 끌어내는 도구가 아니라, 움직이는 장치다. 많은 사람들이 질문을 정보를 끌어내는 도구로 이해한다. 그래서 질문을 많이 하면 많은 정보를 얻을 수 있다고 생각한다. 그러나 코칭에서 질문의 본질은 정보가 아니다. 코칭에서 질문의 핵심은 '무엇을 더 아는가?'가 아니라, '어디로 이동하는가?'에 있다. 질문은 사고의 위치를 바꾸는 장치다. 흐릿했던 생각을 또렷하게 만들고, 한 방향으로 굳어 있던 사고를 옆으로 틀어주며, 가능성 밖에 있던 선택지를 고객의 시야 안으로 불러온다. 그래서 질문 하나로 고객은 생각을 정리하기도 하고, 전혀 다른 관점을 만나기도 하며, 스스로도 놀랄 만한 통찰을 경험한다.

이때 중요한 것은 질문의 수가 아니다. 질문을 많이 던진다고 해서 사고가 더 많이 움직이는 것은 아니다. 오히려 질문이 많아질수록 고객의 사고는 분산되기 쉽다. 반대로 한 질문이 깊어질수록 세션은 앞으로 나아간다. 한 질문이 고객의 사고를 정확히 건드릴 때, 고객은 스스로 움직이기 시작한다.

코치의 질문은 바둑기사의 한 수와 같다. 바둑기사에게 바둑알 하나는 결코 가볍지 않다. 한 수를 두기 위해 지금의 판세를 읽고, 이후의 흐름을 예측하며, 상대의 반응을 끝없이 계산한다. 한 수에는 맥락과 의도와 책임이 담겨 있다.

코치에게 질문도 마찬가지다. '지금 이 질문이 고객을 어디로 이동시킬 것인가?', '이 질문 이후, 고객의 사고는 열릴 것인가 닫힐 것인가?', '이 질문은 지금 이 순간에 꼭 필요한가?', '이 질문은 고객의 삶을 더 넓게 보게 만드는가? 아니면 특정 해석 안에 머물게 만드는가?' 이러한 점검 없이 던져지는 질문은 우연에 맡겨진 개입이 된다. 반대로 질문 하나에 충분한 숙고와 존중이 담길 때, 그 질문은 고객의 사고를 한 단계 이동시키는 결정적인 한 수가 된다.

그래서 코치에게 필요한 질문 역량의 핵심은 분명하다. 아무 질문이나 하지 않는 절제, 유도하지 않되 목적은 분명한 의도성, 그리고 고객의 사고를 존중하는 태도. 이 세 가지가 갖춰질 때 질문은 고객을 가두는 통제 장치가 아니라, 고객을 스스로 움직이게 하는 리모컨이 된다.

코칭에서 고객의 변화는 답에서 일어나지 않는다. 고객이 멋진 답을 했다고 해서 삶이 바뀌지는 않는다. 변화는 질문이 만들어낸 사고의 이동에서 일어난다. 생각이 머물던 자리를 떠나 다른 위치로 이동할 때, 고객은 비로소 새로운 선택을 할 수 있게 된다. 그래서 코치는 질문을 던지기 전에 반드시 스스로에게 물어야 한다. '이 질문은 고객을 어디로 이동시키고 있는가?' 이 질문에 답할 수 있을 때, 코치의 질문은 비로소 힘을 갖는다.

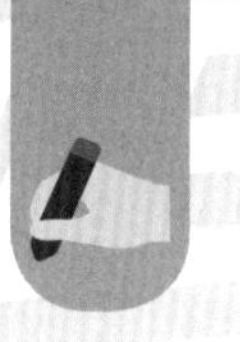

머무름의 공간

- 내가 던진 질문 중 고객을 멈추게 한 질문은 무엇이었는가?

- 반대로 흐름을 살린 질문은 무엇이었는가?

- 질문을 던질 때 내가 가장 점검해야 할 것은 무엇인가?

13장

코치는 고객의 통찰을 '일으키는' 사람이 아니라 '발견하는' 사람이다

코칭을 하다 보면 종종 이런 기대와 마주한다. '코치의 질문 한 방에 고객의 통찰이 터져 나왔다.' 마치 명검 하나로 단숨에 길을 열어젖히는 것처럼, 강력한 질문 하나가 고객의 인생을 바꾼다는 서사다. 질문은 드라마의 클라이맥스가 되고, 코치는 그 장면의 주인공이 된다.

많은 코치들이 이 장면을 꿈꾸고, 많은 독자들이 이 장면을 기대한다. 그러나 코칭 현장에서 오랜 시간을 보내며 나는 이 믿음에 점점 회의적이 되었다. 코치의 질문 한 방으로 고객의 통찰을 '일으킨다'는 것은 실제 현장에서 경험해본 바로는 거의 불가능에 가깝다. 물론 역량과 직관이 탁월한 코치라면 한두 개의 질문만으로도 고객에게 깊은 알아차림을 가져다줄 수 있을지도 모른다. 그러나 적어도 나의 경험 안에서는, 그리고 수많은 실제 코칭 장면을 관찰해온 결과로는 그러한 생각 자체가 코치의 오만이자 자만에 가깝다는 결론에 이르렀다.

통찰은 '질문'이 아니라 '알아차림'의 결과다. 고객의 통찰은 코치가 만들어내는 산물이 아니다. 통찰은 고객 스스로의 알아차림이 누적된 결과다. 코칭의 핵심 철학 중 하나는 '고객은 스스로 답을 찾을 수 있는 존재다.'라는 믿음이다. 여기서 말하는 답이란 막연한 느낌이나 추상적인 깨달음이 아니다. 명료하고, 구체적이며, 실행 가능한 답을 의미한다.

고객은 질문을 받자마자 '답'을 명확하게 말하지 못한다. 여기서 중요한 현실을 하나 직시할 필요가 있다. 고객은 코치의 질문을 받았다고 해서 곧바로 명료하고 정확한 답을 말할 수 있는 존재가 아니다. 대부분의 고객은 질문을 받으면 생각나는 대로 말한다. 아직 정리되지 않은 채로 말하고, 추상적이거나 애매모호한 표현을 사용하며, 스스로도 무슨 말을 하는지 완전히 알지 못한 채 말을 이어간다.

이는 고객의 역량 부족 때문이 아니다. 사람의 생각은 원래 그렇게 떠오르기 때문이다. 생각은 처음부터 정제된 언어로 나오지 않는다. 말하면서 정리되고, 다시 질문을 받으면서 다듬어지며, 그 과정을 반복하면서 비로소 명료해진다. 코칭은 바로 이 '정리되기 전의 언어'를 다루는 작업이다.

코칭의 핵심 포인트는 '두 번째 질문'에 있다. 이 지점에서 코치의 역할과 역량이 결정된다. 고객이 추상적이고 애매모호하게 대답했을 때, 코치는 무엇을 해야 하는가? 많은 코치들이 이 순간 습관적으로 이렇게 반응한다.

"아, 그러시군요.", "네, 이해했습니다.", "그렇다면 다음 질문으로 넘어가 보겠습니다." 이러한 반응은 관계 유지를 위한 대화에서는 도움이 될 수 있다. 그러나 코칭에서는 본질을 비껴가는 선택이 된다. 고객의 애매모호한 표현은 아직 답이 아니라, 답으로 가는 중간 과정이기 때문이다. 코칭의 핵심은 바로 여기 있다. 추상적인 대답을 다시 질문으로 되돌려주는 것이 중요하다.

"말씀하신 '좀 애매하다'는 건 어떤 점에서일까요?", "여러 가지가 섞여 있다고 하셨는데, 가장 큰 하나를 꼽는다면 무엇일까요?", "그 표현을 조금 더 구체적으로 설명해 주시겠어요?" 이 두 번째, 세 번째 질문이 고객에게 생각을 정리할 시간과 공간을 제공한다. 통찰은 이러한 과정 중에 조용히 발생한다. 고객은 다시 질문을 받는 순간, 방금 자신이 한 말을 다시 바라보게 된다. '내가 아까 이런 말을 했구나.', '그렇게 말했지만, 사실 핵심은 이거였던 것 같다.', '지금 생각해보니, 내가 진짜 말하고 싶은 건 이거다.' 이 반복 과정 속에서 고객의 생각은 점점 명료해지고 구체화된다. 그리고 어느 순간 고객은 이렇게 말한다.

"코치님 질문 받고 다시 생각해보니까요, 제가 진짜 원하는 게 이제야 보이네요." 이것이 바로 코치들이 그토록 원하는 고객의 '아하 모먼트다.' 그러나 이 통찰은 코치가 만들어낸 것이 아니다. 고객이 스스로 발견한 결과다.

코치는 통찰의 '주인공'이 아니라 '관찰자'다.

이 지점에서 코치의 태도가 중요해진다. 코치는 고객의 통찰 앞에서 박수를 받는 주인공이 아니다. 코치는 고객의 의식 흐름을 주의 깊게 관찰하고, 고객의 말이 추상에서 구체로 이동하는 과정을 지켜보고, 고객이 스스로 연결고리를 만들어내는 순간을 포착하는 사람이다.

즉, 통찰을 일으키는 사람이 아니라 통찰이 일어나는 순간을 발견하는 사람이다. 이 관점이 자리 잡지 않으면 코치는 무의식적으로 통찰을 '만들려고' 개입하게 된다. 정답에 가까운 질문을 던지고, 고객의 말을 대신 정리해주고, 고객 대신 해석하고 의미를 부여하려

든다. 이 순간 코칭은 협력 관계를 잃고 지도나 상담의 영역으로 넘어간다. 발견하지 못한 통찰은 '지나쳐진 통찰'이다.

또 하나 중요한 포인트가 있다. 코치가 충분히 관찰하지 않으면 고객의 통찰은 스쳐 지나가 버린다. 고객이 아주 중요한 말을 했는데도 코치가 그것을 포착하지 못한 채 다음 질문으로 넘어가 버리는 경우가 있다. 그 결과 세션은 말끔하게 진행되었지만, 본질은 다루어지지 않은 채 끝난다.

그래서 코치는 질문을 던지는 사람 이전에, 통찰이 싹트는 순간을 알아보는 감각을 길러야 한다. 고객의 말 속에서 에너지가 달라질 때, 말의 속도나 톤이 바뀔 때, 스스로 놀라는 듯한 표정을 지을 때, 이때 코치는 더 질문을 던질 필요가 없다. 오히려 그 순간에 머물러 주고, 비춰 주는 것이 필요하다.

코치는 그 모든 과정에서 앞서 나가지 않는다. 대신 옆에서 함께 걸으며 때로는 고객보다 한 보 뒤에서 걸으면서 고객의 발견을 존중한다. 그래서 '코치는 고객의 통찰을 일으키는 사람이 아니라, 고객의 통찰이 일어나는 순간을 발견하는 사람이다.' 이 문장은 코칭을 오래 할수록 더욱 분명해진다. 이 관점이 자리 잡을 때 코치는 조급해지지 않고, 고객은 자기 속도로 깊어질 수 있다. 그리고 바로 그 지점에서 코칭은 비로소 본래의 힘을 회복한다.

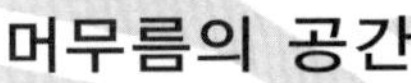

머무름의 공간

• 고객의 통찰을 내가 앞서간 순간은 언제였는가?

• 기다렸을 때 드러났던 장면은 무엇이었는가?

• '발견하는 코치'로 머물기 위해 필요한 태도는 무엇인가?

14장

고객의 존재는 코치의 질문으로 다루는 것이 아니라 존재방식을 탐구하고 인정해주는 것

코칭을 공부하다 보면 한 번쯤은 이런 말을 듣게 된다. "이슈에 집중하지 말고, 고객의 존재에 집중하세요.", "코칭은 문제를 다루는 것이 아니라, 존재를 다루는 일입니다."

이 문장들은 분명 깊고 의미 있어 보인다. 코칭의 본질을 꿰뚫는 말처럼 들리고, 코치로서 한 단계 성숙해졌다는 증표처럼 받아들여지기도 한다. 그러나 아이러니하게도 이 문장들은 코칭 현장에 들어서는 순간, 많은 코치들을 혼란에 빠뜨린다. '존재를 다룬다'는 것은 도대체 무엇을 의미하는가? 그리고 그것을 코치는 어떻게 해야 하는가?

이 질문 앞에서 많은 코치들은 하나의 간편한 해답을 찾으려 한다. 존재를 다뤄야 한다면, 존재를 묻는 질문을 하면 되지 않을까? 그렇게 해서 세션 중간이나 초반에 이런 질문이 등장한다. "고객님은 어떤 분이신가요?"

이 질문을 코치로서 던져본 경험이 있을 것이다. 혹은 고객의 입장에서 받아본 경험도 있을지 모른다. 솔직히 말해보자. 이 질문은 굉장히 난해하다. 질문을 받은 고객은 잠시 말을 멈춘다. 어디서부터, 무엇을, 어떻게 말해야 할지 알 수 없다. 머릿속에는 수많은 생각이 스쳐 지나가지만, 그것을 한 문장으로 정리해 내놓기에는 너무 막막하다. 그리고 종종 대화의 흐름은 그 자리에서 멈춘다.

문제는 질문 그 자체가 아니다. 문제는 질문이 던져지는 방식과 맥락에 있다. 세션 초반, 혹은 이슈 탐색의 흐름과 전혀 연결되지 않은 채 던져지는 '존재 질문'은 고객에게 깊이를 열어주기보다 오히려 사고를 차단한다. 이 질문은 존재에 대한 진짜 호기심에서 나온 것이 아니라, '존재를 다뤄야 한다'는 강박에서 만들어진 질문을 위한 질문인 경우가 많기 때문이다.

여기서 중요한 관점 전환이 필요하다. 고객의 존재는 한 개의 질문으로 알아낼 수 있는 대상이 아니다. 사람은 한 문장으로 설명될 수 있는 존재가 아니며, "당신은 어떤 사람입니까?"라는 질문에 정확히 답할 수 있는 사람 또한 존재하지 않는다. 존재는 정의의 대상이 아니라, 드러나는 과정이다.

코칭에서 존재를 다룬다는 것은 고객에게 자신의 정체성을 설명하라고 요구하는 일이 아니다. 그것은 고객이 삶을 대하는 방식, 선택의 기준, 반복되는 반응의 패턴을 함께 탐구해 가는 과정이다. 그리고 그 과정은 언제나 고객이 가져온 '이슈' 속에서 시작된다. 많은 코치들이 오해하는 것과 달리, 고객의 존재는 이슈와 분리된 별도의 영역에 있지 않다. 오히려 고객의 존재는 이슈 속에 고스란히 담겨 있다. 왜 그 문제에서 그렇게까지 흔들렸을까? 왜 그 선택 앞에서 유독 망설였을까? 왜 수많은 가치 중에서 그 가치를 더 중요하게 여길까?

이 질문들은 표면적으로는 문제를 파고드는 질문처럼 보인다. 그러나 그 출발점은 문제 해결이 아니라 존재방식에 대한 호기심이다.

같은 상황에서도 어떤 사람은 관계를 먼저 떠올리고, 어떤 사람은 성과를, 또 어떤 사람은 자신의 자유를 먼저 떠올린다. 이 차이가 바로 존재방식의 차이다.

이 지점에서 코치의 역할에 대한 근본적인 오해가 드러난다. 코칭에서 코치는 존재를 '다루는' 사람이 아니다. 존재는 다뤄지는 대상이 아니다. 존재는 존중받아야 할 전제다. 코치의 역할은 고객의 존재를 분석하거나 규정하는 것이 아니라, 고객이 보여주는 삶의 방식에 진심 어린 호기심을 가지고 따라가는 것이다.

그래서 깊은 코칭의 질문들은 존재를 직접 묻지 않는다. "왜 그 선택이 중요했을까요?", "그 장면에서 고객님에게 가장 지켜지고 싶었던 것은 무엇이었을까요?", "그 목표를 통해, 결국 어떤 모습으로 살아가고 싶으신 걸까요?"

이 질문들은 '당신은 어떤 사람입니까?'라고 묻지 않는다. 그러나 아이러니하게도, 이 질문들은 존재에 가장 가까이 다가간다. 왜냐하면 존재를 탐구하는 질문에는 분명한 방향성이 있기 때문이다. 그 방향은 언제나 '왜 그렇게 생각했는가?', '무엇을 중요하게 여기는가?', '궁극적으로 어떤 사람이 되고 싶은가?'로 향한다.

"왜 그 목표가 당신에게 의미가 있을까요?", "그 선택은 당신의 어떤 가치를 지켜주고 있나요?", "그 길의 끝에서, 어떤 사람으로 기억되고 싶으신가요?" 이 질문들은 정답을 요구하지 않는다. 대신 고객이 자신의 삶을 한 단계 위에서 바라보도록 초대한다. 그리고 바로 그 순간, 고객은 깊어진다.

고객이 깊어지는 순간은 문제가 해결될 때가 아니다. 자신의 존재가 인정받았다고 느낄 때다. '아, 내가 이런 사람이라서 이 문제를 이렇게 바라보고 있었구나.' 이 자각은 고객에게 자기 이해를 선물한다. 그리고 이 자기 이해는 단기적인 문제 해결보다 훨씬 오래 지속되는 변화를 만들어낸다.

코치는 그 변화를 만들어내는 사람이 아니다. 코치는 그 변화가 일어날 수 있도록 공간을 지켜주는 사람이다. 존재를 인정하는 코칭은 서두르지 않는다. 존재방식은 한 세션 만에 정리되지 않는다. 그리고 그럴 필요도 없다. 중요한 것은 코치가 조급해하지 않는 것이다.

존재를 정의하려 들지 않는 것, 존재를 설명하게 강요하지 않는 것, 존재를 목표로 삼지 않는 것. 대신 고객의 말 한마디, 선택 하나, 감정의 미묘한 반응 속에서 존재가 드러나는 순간을 놓치지 않는 태도가 필요하다.

깊은 코칭은 존재를 묻지 않고 존재를 환대한다. 코칭을 오래 할수록 이 문장은 점점 더 선명해진다. 고객의 존재는 코치의 질문으로 다루는 것이 아니라, 고객의 존재방식을 탐구하고 있는 그대로 인정해주는 것이다.

이 관점이 코치 안에 자리 잡는 순간, 코치는 질문에 집착하지 않게 되고, 고객은 자신을 설명해야 할 부담에서 벗어난다. 그리고 바로 그 공간에서, 진짜 깊은 코칭이 시작된다.

머무름의 공간

• 고객을 문제로 다루었던 순간은 언제였는가?

• 그 사람의 존재를 인정했을 때 무엇이 달라졌는가?

• 나는 어떤 코치로 기억되고 싶은가?

15장

주제와 목표는 재확인이 필수

코칭에서 고객의 주제와 목표를 명료하게 합의하는 일은, 코치가 갖추어야 할 수많은 역량 가운데서도 가장 핵심적인 역량이라고 해도 과언이 아니다. 경청, 질문, 공감, 통찰, 실행 촉진. 이 모든 기술과 태도는 결국 하나의 질문으로 수렴된다. '우리는 지금 무엇을 다루고 있으며, 이 시간을 통해 무엇을 얻고자 하는가?'

그럼에도 불구하고 많은 코치들이 코칭 과정에서 가장 어려워하는 지점이 바로 이 질문 앞에서 흔들린다. 더 심각한 문제는 일부 코치들이 주제(Issue)와 목표(Goal)의 개념 자체를 명확히 구분하지 못한 채 코칭을 진행하고 있다는 사실이다. 이 혼란은 단순한 기술 부족의 문제가 아니다. 코칭에 대한 철학, 태도, 그리고 고객을 대하는 관점의 문제다.

코칭을 하다 보면, 주제를 다루고 있는 것인지?, 목표를 다루고 있는 것인지? 모호한 상태로 세션이 흘러가는 경우가 적지 않다. 고객의 이야기에 반응하다 보니 처음 합의했던 주제는 어느새 사라지고, 코치는 자신도 모르게 전혀 다른 방향으로 질문을 던지고 있다. 그 순간 코칭은 더 이상 '의도를 가진 대화'가 아니라, 잘 정리되지 않은 대화의 연속이 된다. 코칭은 '좋은 대화'가 아니다. 코칭은 의도를 가진 대화다.

많은 사람들이 코칭을 '깊은 대화', '의미 있는 대화', '공감이 풍부한 대화'라고 표현한다. 틀린 말은 아니다. 그러나 이것만으로는 코칭을 설명할 수 없다. 코칭은 좋은 대화가 아니라, 의도를 가진 대화다. 그리고 그 의도의 중심에는 항상 주제와 목표가 있다. 주제는 방향이고 목표는 도착 지점이다.

방향이 정해지지 않으면 아무리 빠르게 달려도 엉뚱한 곳으로 가게 된다. 도착 지점이 없으면 아무리 깊은 대화를 나누어도 성취감은 남지 않는다. 이것이 바로 주제와 목표가 코칭에서 가장 먼저, 그리고 가장 명확하게 다뤄져야 하는 이유다. 그럼에도 불구하고 많은 코치들이 다음과 같은 생각에 빠진다.

'이야기를 하다 보면 자연스럽게 정리되겠지.'

'고객이 처음에 이야기가 합의된 주제 아닌가?'

'대화 중에 변화하고 싶은 것이 목표 아닌가?'

이 생각들은 모두 그럴듯해 보인다. 그러나 이 생각들이 공통적으로 놓치고 있는 것이 있다. 바로 의도적 합의의 부재다.

코칭은 흐름에 맡기는 대화가 아니다. 흐름도 중요하지만, 방향과 목적이 명확하게 합의되지 않은 흐름은 곧 표류로 바뀐다. 이 착각들은 코칭을 가장 빠르게 의도 없는 대화로 전락시키는 지름길이다.

주제는 코치가 정리하는 것이 아니다. 주제는 고객이 선택하는 것이다. 주제에 대한 가장 흔한 오해는 이것이다.

'고객이 이야기를 많이 하면, 그중에서 코치가 중요한 주제를 뽑아주면 된다.' 그러나 이것은 코칭이 아니라 해석과 판단에 가깝다. 코칭에서 주제를 결정하는 주체는 언제나 고객이다. 왜냐하면 주제란

'객관적으로 중요해 보이는 것'이 아니라, 고객이 지금 이 순간 마음속 깊은 곳에서 가장 이야기하고 싶은 것이기 때문이다.

그래서 코치는 반드시 이 질문을 해야 한다. "지금 이 순간에 마음속 저 깊은 곳에서 정말 이야기하고 싶은 주제는 무엇인가요?" 이 질문은 단순해 보이지만, 코치의 철학이 그대로 드러나는 질문이다. 이 질문 안에는 다음과 같은 메시지가 담겨 있다.

'이 세션의 주인은 당신입니다.', '당신의 우선순위를 존중합니다.', '내가 아니라, 당신이 결정합니다.'

고객은 이 질문을 통해 자신의 생각을 정리하며 정말 이야기 하고 싶은 주제를 말한다. 물론 처음에 언급한 주제를 그대로 언급하는 경우도 있다. 그러나 그것은 중요하지 않다. 고객이 선택해서 스스로 이야기했다는 것이 중요하다. 그리고 바로 그다음 재확인은 선택이 아니라 필수다. 고객이 주제를 말하면, 많은 코치들이 그 즉시 다음 질문으로 넘어간다. 그러나 이 순간이야말로 재확인이 반드시 필요한 지점이다. 코치는 이렇게 되묻는 과정이 필요하다.

"지금 말씀하신 OOOOOOO에 대해서 초점을 맞추어서 대화를 이어가면 좋으실까요?" 이 질문의 목적은 설명이 아니다. 합의다. 고객이 "네, 맞아요."라고 말하는 순간, 주제는 더 이상 모호한 대화 소재가 아니라 명확하게 합의된 코칭의 중심축이 된다. 만약 고객이 "아니요, 정확히 말하면…"이라고 수정한다면, 그 또한 매우 중요한 코칭의 순간이다. 고객은 자신의 생각을 더 명확하게 인식하고 표현하게 되기 때문이다. 이 과정을 생략한 코칭은, 나침반 없이 항해를 시작하는 것과 다르지 않다.

목표 역시 고객이 정하고, 코치는 확인한다. 목표에 대해서도 상황은 동일하다. 많은 코치들이 목표 설정을 어려워하는 이유는 단순하다. 목표를 코치가 만들어야 한다고 생각하기 때문이다. 하지만 코칭에서 목표는 '그럴듯한 문장'이나 'SMART한 구조'가 아니다. 목표는 고객이 이 세션을 통해 얻고 싶은 변화의 방향이다. 그래서 코치는 이렇게 질문해야 한다.

"이 주제와 관련해서, 정말 이루고 싶은 목표는 무엇인가요?" 이 질문에 대한 답은 완벽할 필요가 없다. 다만 중요한 조건이 하나 있다. 고객이 스스로 목표문장을 만들어야 한다.

"고객님, 운동하는 방법 찾기로 목표로 정하면 괜찮으실까요?" [X]

"코치님, 3개월 안에 5키로 감량하는 방법 찾기로 할게요." [O]

목표는 고객이 이룰 것이기 때문에, 고객이 자신의 말로 표현해야만 실제로 힘을 가진다. 그리고 주제와 마찬가지로, 목표 역시 재확인이 필요하다.

"지금 고객님께서 말씀하신 목표가 OOOOOO맞나요?" 고객이 "네, 맞아요."라고 말하는 순간, 목표는 고객과 코치 사이에 합의된 약속이 된다. 주제와 목표 재확인은 코칭의 신뢰도를 결정한다. 주제와 목표를 재확인하는 코칭은 느려 보일 수 있다. 그러나 실제로는 가장 빠른 길이다. 코치는 불필요한 질문을 하지 않게 된다. 고객은 자신의 생각이 존중받고 있다는 안정감을 느낀다. 세션의 시작과 마무리가 분명해진다. 무엇보다 중요한 것은, 코칭이 '잘 흘러간 느낌'이 아니라 '의미 있게 진행되었다는 경험'으로 남는다는 점이다. 이것은 기술의 문제가 아니다. 태도의 문제다.

주제와 목표를 명확히 합의하고 재확인하는 능력은 기술 이전에 태도의 문제다. 고객을 진짜 주체로 존중하는가? 중요한 것을 대충 넘기지 않는가? 서두르지 않고 핵심을 붙들 수 있는가? 이 질문에 대한 답이, 코치의 수준을 그대로 드러낸다. 코칭에서 주제와 목표를 재확인하는 것은 형식적인 절차가 아니다. 그것은 코칭의 품격을 지키는 최소 조건이다. 질문을 잘 던지는 코치보다, 주제와 목표를 끝까지 명료하게 붙들 수 있는 코치가 결국 고객에게 신뢰받는다. 주제와 목표를 재확인하는 순간, 코칭은 비로소 방향을 가진 변화의 여정이 된다.

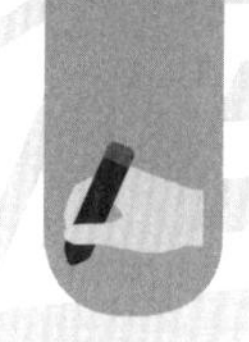

머무름의 공간

• 코칭 중 길을 잃었던 경험은 언제였는가?

• 그때 무엇을 재확인했어야 했는가?

• 목표를 재정렬하는 나만의 신호는 무엇인가?

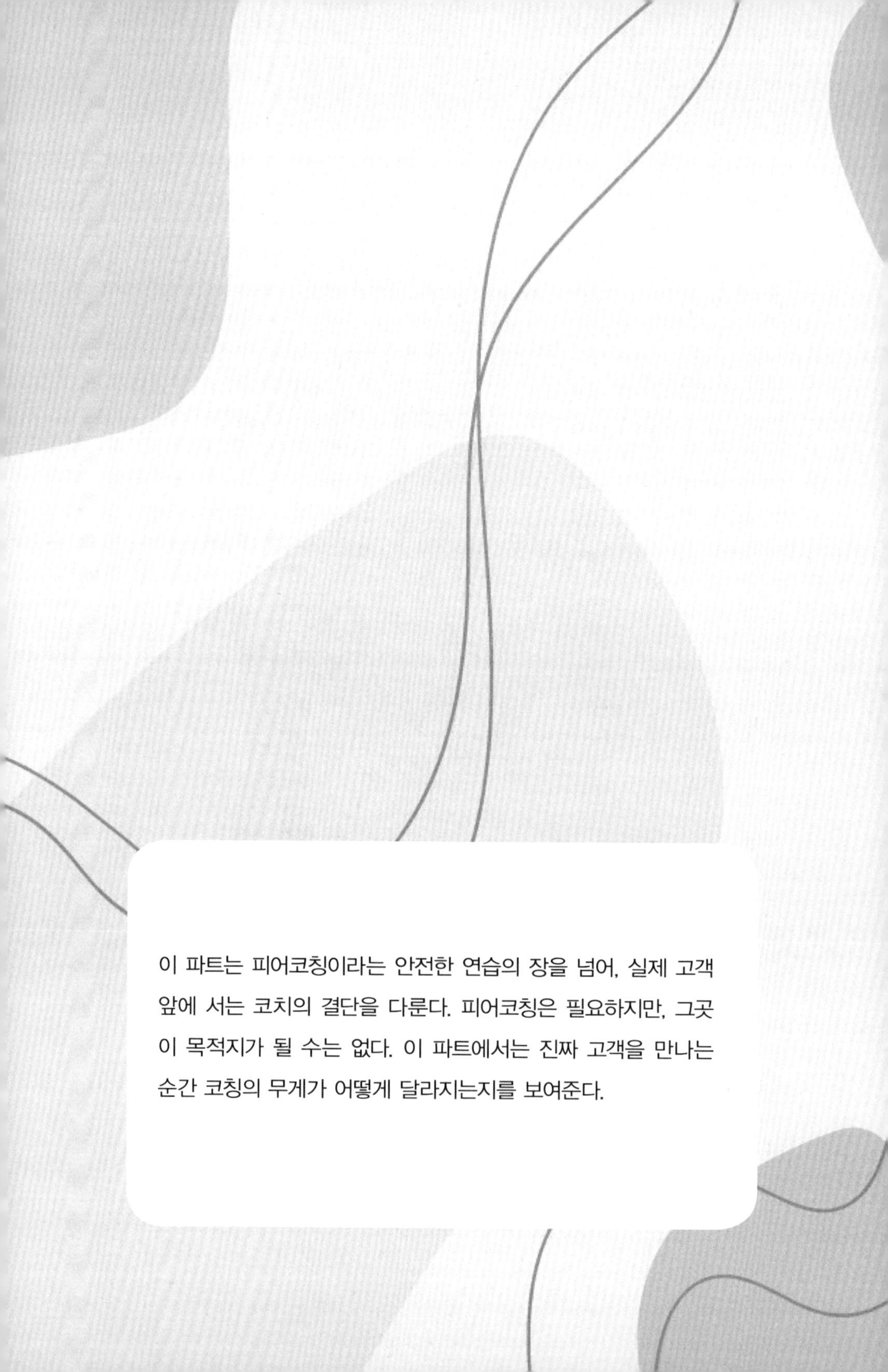

이 파트는 피어코칭이라는 안전한 연습의 장을 넘어, 실제 고객 앞에 서는 코치의 결단을 다룬다. 피어코칭은 필요하지만, 그곳이 목적지가 될 수는 없다. 이 파트에서는 진짜 고객을 만나는 순간 코칭의 무게가 어떻게 달라지는지를 보여준다.

PART 4

피어코칭(상호코칭)을 넘어 실제코칭을 하자

coach와 COACH 차이

소문자 coach와 대문자 COACH의 차이는 무엇일까? 이 질문을 코치들에게 던져보면 반응은 제각각이다. 어떤 이는 단순한 표기상의 차이라고 말하고, 어떤 이는 명품가방과 코치를 구분하는 것으로 여긴다. 또 어떤 이는 소문자 coach는 아직 부족한 현재의 나이고, 대문자 COACH는 충분한 역량을 갖춘 이상적인 코치의 모습이라고 말한다. 이 질문에는 분명 정해진 정답은 없다.

이 책에서 말하고자 하는 coach와 COACH의 차이는 실력의 우열도, 자질의 많고 적음도 아니다. 같은 '코치'라는 단어를 사용하지만, 이 둘은 전혀 다른 세계에 서 있다. 소문자 coach는 자격증을 준비하는 과정 속에서 코칭을 하는 코치를 의미한다. 반면 대문자 COACH는 자격증 준비를 넘어, 실제 고객을 대상으로 코칭을 하고 있는 코치를 의미한다. 이 둘은 같은 언어를 사용하지만, 다른 질문을 던지고, 다른 기준으로 고민하며, 다른 책임을 진다.

자격증을 준비하는 coach의 세계에는 유난히 '하지 말아야 할 것'이 많다. 코치의 생각이 개입되면 안 되고, 판단이나 해석을 드러내면 안 되며, 닫힌 질문은 피해야 하고, 특정 표현은 감점 요인이 될 수 있다는 규칙들이 끊임없이 따라다닌다. 여기에 더해 상위 코치나

멘토들이 강조하는 포인트는 사람마다 다르다. 어떤 이는 질문의 개방성을 강조하고, 어떤 이는 경청의 깊이를, 또 어떤 이는 코칭 구조의 정확성을 강조한다.

그 결과, coach는 혼란에 빠진다. 코칭을 하면서도 머릿속에서는 끊임없이 질문이 떠오른다. '이 질문은 괜찮은 걸까?', '지금 이 반응은 평가 기준에 어긋나지는 않을까?', '혹시 감점 요소는 아닐까?' 실수하면 안 된다는 압박감은 코치를 점점 위축시키고, 코칭의 순간순간을 현재의 고객이 아닌, 보이지 않는 평가자의 시선으로 바라보게 만든다.

이 상태에서 coach의 관심은 자연스럽게 고객에서 기준으로 이동한다. 고객의 이야기를 듣고도 그 이야기 속에 무엇이 살아 있는지보다 '이 장면에서 적절한 질문은 무엇일까?'를 먼저 고민하게 된다. 그렇게 코칭은 살아 있는 대화가 아니라, 기준에 맞추기 위한 연습이 된다. 이 단계의 coach에게 코칭은 분명 성장의 과정이지만, 동시에 자유를 제한하는 훈련이기도 하다.

반면 대문자 COACH의 세계에는 '하지 말아야 할 것'이 거의 없다. 실제 고객을 만나 코칭을 하는 COACH에게 중요한 기준은 단 하나다. '이 질문이 고객에게 실제로 도움이 되는가?' 고객에게 도움이 되는 것 외 모든 기준은 부차적인 것이 된다. COACH는 질문을 던질 때 감점 요소를 떠올리지 않는다. 대신 이 질문이 고객의 생각을 한 발짝이라도 앞으로 움직일 수 있을지를 고민한다. 필요하다면 닫힌 질문도 한다. 때로는 고객의 말을 정리해 주고, 때로는 침묵을 길게 유지한다. 이 모든 선택의 기준은 오직 고객이다.

그래서 COACH는 배움을 멈추지 않는다. 더 나은 코칭을 위해 상담을 공부하고, 심리학 이론을 익히며, 다양한 기법과 도구를 탐구한다. 자격증 평가에서는 사용을 망설여야 할 방식일지라도, 실제 고객에게 도움이 된다면 과감히 사용한다. COACH에게 이론과 기법은 규칙이 아니라 무기다. 많으면 많을수록 좋고, 상황에 맞게 꺼내 쓸 수 있어야 한다.

코칭은 시험을 통과하기 위한 퍼포먼스가 아니라, 사람의 삶에 동행하는 일이라는 사실을. 그리고 그 깨달음 이후부터 코칭은 훨씬 더 어렵고, 동시에 훨씬 더 깊어진다. 그렇다고 소문자 coach의 세계가 무의미한 것은 아니다. 자격증을 준비하는 과정은 코칭의 기본기를 다지고, 코치로서의 윤리와 구조를 배우는 중요한 단계다. 문제는 그 세계에 머무르는 것이다. coach의 규칙을 COACH의 세계에 그대로 들고 오는 순간, 코칭은 다시 위축된다.

진짜 성장은 두 세계를 모두 통과할 때 일어난다. coach로서 기준을 배우고, COACH로서 고객을 만나는 경험을 쌓아갈 때 코칭은 비로소 살아 움직인다. 그리고 언젠가 코치는 알게 된다. 대문자 COACH란 거창한 호칭이 아니라, 지금 이 순간 고객 앞에 온전히 서 있는 태도라는 것을 말이다.

소문자 coach에서 대문자 COACH로의 전환은 자격증의 문제가 아니다. 그것은 코치가 누구를 바라보고 코칭하고 있는가에 대한 선택의 문제다. 그리고 그 선택은 매 세션, 매 질문마다 다시 이루어진다.

머무름의 공간

• 지금 나의 코칭은 어느 지점에 머물러 있는가?

• 대문자 COACH로 이동하기 위해 필요한 변화는 무엇인가?

• 나는 어떤 코치로 시장에 서고 싶은가?

17장

코치자격증(KAC·KPC·KSC) 레벨의 차이

코칭을 처음 공부하기 시작한 사람이라면 누구나 한 번쯤은 한국코치협회 자격증 체계를 마주하게 된다. 그리고 대부분은 이렇게 말한다.

"일단 KAC(Korea Associate Coach)부터 따고 생각해보자." 실제로 KAC는 코칭의 세계로 들어오는 첫 관문이다.

처음 이 과정을 준비하는 많은 예비 코치들이 공통적으로 경험하는 감정이 있다. 막연한 두려움이 아니라, 오히려 안도감에 가까운 감정이다. "어? 생각보다 할 만한데?", "이 정도면 정말 합격할 수 있겠는데?"

이 반응은 우연이 아니다. KAC 준비 과정은 그렇게 느껴질 수밖에 없는 구조를 가지고 있다. 시연 시간은 15분에서 20분 이내에 코칭의 전 과정을 깊이 있게 다루기보다는, 코치로서의 기본 태도와 최소한의 구조를 보여주면 된다. 준비된 질문, 즉 미리 설계한 시나리오를 자연스럽게 따라가며 읽듯이 진행해도 큰 무리가 없다. 극단적으로 말하면, 코칭의 흐름을 심하게 벗어나지만 않으면 된다.

그래서 많은 코치들이 KAC를 '코칭의 입문 단계', '기초 체력 훈련', '운전면허 필기시험 같은 단계'로 인식한다. 합격률이 비교적 높은 것도 이런 인식을 강화한다. 그리고 이 지점에서 많은 코치들이 한 가지 착각을 하게 된다. '코칭은 이렇게 하면 되는 거구나.' 문제는, 그다음 단계부터다.

KAC를 통과하고 나면, 시야는 자연스럽게 다음 단계로 옮겨간다. KPC(Korea Professionl Coach) 이름부터가 다르다. '인증'이 아니라 '전문'이다. 이 단어 하나만으로도 이제부터는 이전과 같을 수 없다는 것을 코치들은 본능적으로 느낀다.

KPC 준비 과정에서 코치들이 가장 먼저 체감하는 변화는 시간이다. 시연 시간은 25분에서 30분 이내로 늘어난다. 겉으로 보면 고작 10분 정도 늘어난 것처럼 보일 수 있다. 그러나 코칭을 해본 사람이라면 안다. 이 10분은 전혀 다른 세계라는 것을. 15~20분의 코칭은 준비된 질문 몇 개만으로도 충분히 버틸 수 있다. 하지만 25~30분의 코칭은 다르다. 질문 사이의 공백이 생기기 시작한다. 고객의 반응이 예상과 다르게 흘러간다.

미리 준비한 질문이 맥락에서 어긋나는 순간들이 발생한다. 이때 많은 코치들이 선택하는 전략은 놀라울 만큼 비슷하다. 질문을 더 준비한다. 질문 리스트는 점점 길어진다. A4 한 장이던 질문지가 두 장, 세 장으로 늘어난다. 혹시 모를 상황에 대비해 '예비 질문'까지 챙긴다.

그러나 역설적이게도, 이 시점에서 코치들은 처음으로 분명한 벽을 만난다. 질문을 더 많이 준비했는데, 코칭은 오히려 더 어색해진다. 대화는 부자연스러워지고, 질문은 고객의 말과 엇박자를 내기 시작한다. 왜일까? 준비된 질문이 많아짐에 따라 내가 경청할 수 있는 공간이 당연히 좁아지게 되는 것이다.

KSC(Korea Supervisor Coach) 단계에 이르면 상황은 더욱 분명해진다. 시연 시간은 35분에서 40분. 합격률은 눈에 띄게 낮아진다. 많은 코치들이 KPC에서 멈춘다. 그리고 KSC에 도전하더라도, 반복적인 탈락을 경험한다. 이 지점에서 거의 모든 코치들이 같은 질문을 던진다.

'도대체 KAC·KPC·KSC의 진짜 차이는 뭘까?', '질문 스킬일까?', '구조화 능력일까?', '언어 표현일까?', '존재감일까? 알아차림일까?' 코치들은 어딘가에 '특별한 한 곳'이 있을 것이라 믿는다. 그래서 더 많은 이론을 공부하고, 더 많은 기법을 익히고, 더 정교한 질문을 만들려고 애쓴다. 한국코치협회 홈페이지에는 분명히 각 단계별 심사 기준이 명시되어 있다. KAC·KPC·KSC 각각 요구되는 역량과 평가 요소도 비교적 명확하다. 하지만 문서에 적힌 기준과 실제 현장에서 느껴지는 차이 사이에는 언제나 간극이 존재한다.

나는 그 간극을 오랫동안 바라보아 왔다. 수많은 시연을 지켜보았고, 수많은 코치들의 성장을 가까이서 관찰해 왔다. 그리고 그 경험을 통해 내린 결론은 의외로 단순했다. 자격증 레벨을 가르는 가장 핵심적인 차이는 질문도, 구조도, 표현도 아닌 '경청의 깊이'와 '확장의 넓이'다.

모든 코치는 듣는다. 그러나 어디까지 듣느냐는 전혀 다른 문제다. 경청은 단순히 말을 놓치지 않는 기술이 아니다. 경청의 깊이는 고객의 말에 머무르는지, 말 너머의 의미에 닿는지, 혹은 그 사람의 삶과 존재까지 닿는지에 따라 달라진다. 시간이 늘어날수록, 레벨이 올라갈수록, 코치는 더 깊은 층위에서 고객을 듣게 된다.

KAC 단계에서 코치는 목표에 집중한다. 고객이 무엇을 이루고 싶은지, 그 목표를 가로막는 현실은 무엇인지, 그리고 그것을 위해 어떤 대안과 실행이 가능한지를 다룬다. 이 단계에서의 코칭은 충분히 가치 있다. 목표를 명확히 하고, 실행 가능한 선택지를 만들고, 행동으로 이어지게 돕는 것만으로도 고객에게는 분명한 변화가 일어난다. KAC에서 요구되는 경청의 깊이는 '목표에 도달하기에 충분한 수준'이다. 목표가 선명해지고, 그 목표를 향한 길이 그려진다면 KAC 코칭은 그 역할을 충실히 수행한 것이다.

그러나 KPC 단계부터는 코칭의 방향이 조금 달라진다. 여기서 코치는 질문을 던지기 시작한다. "그 목표를 이루면, 당신은 어떤 사람이 되고 싶습니까?", "그 변화는 당신의 삶에 어떤 의미가 있습니까?" KPC에서 코치는 목표 그 자체보다 목표 이후의 삶에 귀를 기울인다. 이 단계의 확장은

'무엇을 할 것인가'를 넘어 '어떤 삶을 살고 싶은가'로 이동한다. KPC의 경청은 고객이 자신의 가치와 방향을 스스로 인식하도록 돕는 데까지 확장된다. 아직 존재의 핵심까지 들어가지는 않지만, 고객은 분명히 자신의 삶을 한 단계 위에서 바라보기 시작한다.

KSC는 전혀 다른 차원의 코칭이다. 여기서 코치는 더 이상 목표를 중심에 두지 않는다. 목표는 여전히 중요하지만, 그보다 더 중요한 질문이 등장한다. '이 사람이 정말로 원하는 것은 무엇인가?', '이 사람은 어떤 존재로 살고 싶은가?' KSC 단계의 코칭은 목표 너머에 있는 존재와 정체성을 다룬다. 이 단계에서 코치는 고객의 반복되는 언어, 미묘한 감정의 흔들림, 말하지 않았지만 드러나는 가치와 믿음을 깊이 경청한다. 그리고 탐색은 그 지점에서 시작된다.

목표를 이루는 방법이 아니라, '이 사람이 어떤 사람으로 살아가고

싶은지'가 선명하게 드러날 때까지 머문다. 마침내 고객 스스로 자신이 원하는 진짜 모습을 인식하게 되었을 때, 코치는 통찰 질문으로 조용히 마침표를 찍는다.

흔히 KAC·KPC·KSC의 차이를 세션 시간의 길이로 이해하려 한다. 물론 시간은 늘어난다. 그러나 본질은 시간이 아니다. 시간이 늘어나면서 경청의 깊이가 깊어지고, 목표 이후의 확장이 커지는 것. 그것이 진짜 차이다.

KAC는 목표까지, KPC는 목표 이후의 삶까지, KSC는 목표 너머의 존재까지 확장된다. 특별한 '한 곳'은 없다. 많은 코치들이 찾는 '특별한 한 곳'은 사실 따로 존재하지 않는다. 그 한 곳은 더 많이 듣는 것, 더 깊이 머무는 것, 더 멀리 확장하는 것 바로 그 차이일 뿐이다.

KAC·KPC·KSC의 레벨 차이는 기술의 차이가 아니라 코치가 머무를 수 있는 깊이의 차이다. 이 장을 덮을 때, 당신이 더 많은 질문을 배우고 싶어지기보다 '나는 지금 어디까지 듣고 있는가?'를 스스로에게 묻게 된다면 이 장은 제 역할을 다한 것이다.

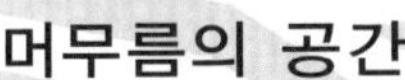

머무름의 공간

• 자격증을 바라보는 나의 관점은 무엇이었는가?

• 성장 단계로서 자격을 다시 정의한다면?

• 다음 단계로 나아가기 위해 필요한 준비는 무엇인가?

18장

가짜 고객과 진짜 고객의 분명한 차이

코치는 고객을 위해 존재한다.

이 문장은 너무 익숙해서, 오히려 깊이 생각해보지 않는 문장일지도 모른다. 코칭을 배우는 모든 과정에서, 윤리를 이야기할 때마다, 자격증 교육의 첫 시간마다 반복해서 듣는 문장이다. 그래서 우리는 이 문장을 당연한 전제로 받아들인다. 굳이 질문하지 않는다. 그러나 이 문장을 끝까지 밀고 들어가 보면, 누구도 쉽게 대답하고 싶지 않은 질문 하나와 마주하게 된다. 고객이 없다면, 코치는 과연 존재할 수 있는가?

냉정하게 말하면 답은 '아니오'다. 고객이 없다면 코치는 개념일 뿐이다. 역할일 뿐이다. 명함 위의 직함일 뿐이다. 실제로 작동하지 않는 존재다. 아무리 많은 이론을 알고 있어도, 아무리 세련된 질문을 준비해도, 고객이 없다면 그것은 코칭이 아니라 준비 상태에 머문다.

그런데 우리의 현실을 돌아보면, 이 질문은 더 불편해진다. 왜냐하면 지금 이 순간에도 많은 코치들이 '고객이 있는 코치'라기보다, '연습 상대가 있는 코치'로 머물러 있기 때문이다. 자격증 준비 과정에서 가장 자연스럽게 익숙해지는 것은 피어코칭이다. 같은 목표를 가진 사람들끼리, 같은 시험을 준비하는 사람들끼리 서로 고객 역할과 코치 역할을 번갈아 맡으며 연습한다. 이 과정은 필요하다. 코칭의 구조를 익히고, 질문의 흐름을 몸에 익히고, 피드백을 주고받는 데 분명 도움이 된다.

자격증 시험을 앞두고 단톡방에 올라오는 메시지들을 떠올려 보자. "오늘 저녁 코칭 연습 가능하신 분 계실까요?", "내일 시험인데 고객 역할 구합니다." 이 장면은 어딘가 익숙하다. 단 한 번의 전투에서 이기기 위해 집중 훈련을 하는 군인의 모습과 닮아 있다. 실전에서 싸우기 위해 훈련을 하는 것처럼, 진짜 고객을 만나기 위해 가짜 고객을 상대로 연습을 하는 것이다. 이 연습 자체가 문제는 아니다. 문제는 그 상태에 너무 오래 머무르는 것이다.

언젠가 진짜 고객을 만나겠다고 말하면서, 실제로는 연습이 가능한 안전한 관계 안에 계속 머무는 것. 실패해도 괜찮고, 실행이 없어도 큰 대가를 치르지 않아도 되는 구조 안에서 코칭을 반복하는 것. 이 지점에서 코치는 점점 이상한 착각에 빠진다. '나는 충분히 코칭을 하고 있다.'라는 착각이다.

'가짜 고객'이라는 불편한 단어인 '가짜 고객'이라는 표현을 사용한 이유는 단순한 자극을 위해서가 아니다. 이 표현은 불편하다. 거칠게 들릴 수 있다. 그러나 그 불편함 자체가 우리가 외면해 온 현실을 정확히 가리킨다.

가짜 고객이란 거짓말을 하는 사람을 의미하지 않는다. 성의 없이 참여하는 사람을 의미하지도 않는다. 가짜 고객이란, 고객의 역할을 수행하고 있는 사람을 의미한다. 가짜 고객은 비용을 지불하지 않는다. 자신의 주머니에서 돈을 꺼내지 않는다. 이 차이는 생각보다 훨씬 크다.

돈을 지불하지 않는다는 것은, 그 이슈가 아직 자신의 삶에서 '최우선 과제'가 아니라는 뜻이기도 하다. 물론 가짜 고객도 고민을 가져온다. 자신의 이슈를 이야기한다. 진지하게 참여하기도 한다. 그러나 그 고민은 대부분 '지금 당장 해결하지 않아도 큰 문제가 없는 이야기'이거나, '연습용으로 꺼내도 되는 안전한 이야기'인 경우가 많다. 말해도 되고, 말하지 않아도 되는 이야기들이다.

반면 진짜 고객은 다르다. 진짜 고객이 지불하는 것은 단순한 화폐의 돈이 아니다. 진짜 고객의 돈은 단순한 비용이 아니다. 그것은 절박함의 증거다. 얼마나 골치 아픈 문제가 있으면, 얼마나 혼자서는 감당하기 힘든 이슈가 있으면, 얼마나 지금의 상태를 더는 견딜 수 없으면, 사람은 돈까지 지불해 가며 코치를 찾게 될까. 진짜 고객이 가져오는 이야기는 무겁다.

회피하고 싶고, 미루고 싶고, 누군가에게 쉽게 꺼내놓기 어려운 이야기들이다. 그래서 진짜 고객의 말에는 감정이 실려 있고, 말과 말 사이에는 망설임과 침묵이 끼어든다. 이 침묵은 연습 세션에서 잘 등장하지 않는다. 이 지점에서 코칭은 연습이 아니라 실제가 된다.

코치는 더 이상 매끄러운 질문을 던지는 사람이 아니라, 한 사람의 삶 앞에 앉아 있는 존재가 된다. 코칭의 성패는 코치만으로 결정되지 않는다. 많은 코치들이 착각한다. 코칭의 성과는 코치의 역량과 스킬에 달려 있다고 믿는다. 질문이 날카로워야 하고, 구조가 명확해야 하며, 침묵을 잘 다뤄야 한다고 생각한다. 물론 이것들은 중요하다. 그러나 그것만으로는 충분하지 않다. 코칭은 혼자 하는 일이 아니다. 함께 만드는 과정이다.

코칭의 효과를 좌우하는 중요한 요소는 세 가지다.

첫째, 고객이 얼마나 자신의 이야기를 진솔하게 개방하는가?

둘째, 그 이슈에 대한 답을 찾기 위해 얼마나 적극적으로

참여하는가?

셋째, 코칭이 세션 안에서 끝나는 것이 아니라 세션 이후

의 삶으로 이어지는가?

가짜 고객은 세션이 끝나면 원래의 자리로 돌아간다. 실행하지 않아도 잃을 것이 없다. 변화가 없어도 불편하지 않다. 반면 진짜 고객은 다르다. 실행하지 않으면 불편하다. 변화하지 않으면 다시 같은 고통을 마주해야 한다. 그래서 진짜 고객은 행동한다. 코칭의 결과물은 통찰이 아니라 변화다. 알아차림만 하고 끝나는 코칭은 듣기 좋은 대화일 뿐이다. 통찰이 아무리 깊어도 삶이 달라지지 않으면 코칭은 실패한 것이다.

변화는 고객의 실행에서 시작되고, 그 실행이 일회성으로 끝나지 않고 지속될 때 비로소 성장으로 이어진다. 가짜 고객과 진짜 고객의 가장 큰 차이는 바로 이 '실행'에서 드러난다. 가짜 고객에게 실행은 선택 사항이다. 진짜 고객에게 실행은 필수다. 이 차이는 코칭 세션의 분위기 자체를 바꾼다. 질문 하나에 대한 반응이 다르고, 침묵을 견디는 태도가 다르고, 숙제를 받아들이는 무게가 다르다.

같은 질문을 던져도, 진짜 고객에게서 나오는 대답은 훨씬 날것이고 구체적이다. 그래서 코치는 진짜 고객을 만날 때 비로소 자신의 한계를 마주한다. 연습용 질문이 통하지 않고, 준비된 멘트가 무력해지는 순간을 경험한다. 아이러니하게도, 그 순간이야말로 코치가 가장 많이 성장하는 순간이다.

'코치의 효능감은 어디에서 오는가?' 많은 코치들이 마음속으로 묻는다. '내 코칭이 정말 도움이 되고 있는 걸까?' 이 질문에 대한 답은 피어코칭에서는 쉽게 나오지 않는다. 연습 상대는 고마움을 표현할 수 있지만, 그 변화의 무게는 가볍다. 삶이 실제로 바뀌었는지, 선택이 달라졌는지, 관계가 재구성되었는지는 알기 어렵다.

반면 진짜 고객은 다르다. 삶이 달라졌을 때, 관계가 바뀌었을 때, 결정의 방향이 달라졌을 때, 그 변화는 고스란히 코치에게 전달된다. 이때 코치는 처음으로 코치로서의 효능감을 경험한다. '아, 내가 한 이 코칭이 누군가의 삶에 실제로 영향을 주었구나.' 이 감각은 어떤 자격증보다 강력하다.

가짜 고객과 진짜 고객의 차이를 분명히 인식하지 못한 채 코칭을 하면, 코치는 쉽게 지치고 혼란스러워진다. 반대로 이 차이를 명확히 알고 코칭에 접근하면, 코치는 더 이상 연습만 하는 사람이 아니라 실제 변화를 만들어내는 사람으로 서게 된다. 진짜 코칭은 진짜 고객을 만날 때 시작된다. 그리고 그 순간부터 코칭은 시험을 위한 기술이 아니라, 사람의 삶을 다루는 일로 바뀐다.

머무름의 공간

• 내가 만났던 진짜 고객은 어떤 모습이었는가?

• 그 코칭은 나에게 어떤 부담을 주었는가?

• 그 부담 속에서 나는 무엇을 배우고 싶은가?

19장

진짜 고객을 코칭하기 위한 중요한 핵심역량

우리가 코치 자격증을 준비하고 코칭을 공부하는 근본적인 목적은 분명하다. 더 많은 질문을 잘하기 위해서도, 더 세련된 기법을 익히기 위해서도 아니다. 궁극적으로는 진짜 고객에게 실제적인 도움을 주기 위해서다. 이 목적을 놓치는 순간, 코칭은 기술 연습으로 전락하고 코치는 스스로를 위해 존재하는 사람이 되어버린다.

진짜 고객을 대상으로 코칭을 하게 되면, 피어코칭이나 연습 세션에서는 경험하지 못했던 무게가 느껴진다. 이 사람의 삶에 내가 영향을 미칠 수도 있다는 책임감, 그리고 이 시간이 헛되이 흘러가서는 안 된다는 긴장감이 동시에 찾아온다. 이때 많은 코치들은 본능적으로 경청, 공감, 질문 스킬을 더 잘 써야 한다고 생각한다. 물론 그것들은 중요하다. 그러나 진짜 고객을 코칭하는 데 있어 가장 핵심적인 역량은 따로 있다. 바로 코칭합의다.

코칭합의, 단순한 계약이 아니다. '코칭합의'라는 말을 들으면 많은 코치들이 가장 먼저 떠올리는 것은 코칭 동의서, 계약서, 그리고 그 안에 적히는 코칭 기간과 비용이다. 실제로 코칭을 시작하기 전, 우리는 고객과 몇 회기의 코칭을 할 것인지, 회당 비용은 얼마인지에 대해 합의한다. 이 과정은 중요하다. 그러나 이것은 코칭합의의 극히 일부에 불과하다.

진짜 중요한 코칭합의는 서류 위에 적히지 않는 부분에서 이루어진다. 그것은 바로 "이 코칭이 끝났을 때, 무엇이 달라져 있기를 원하는가?"라는 질문에 대한 합의다. 그리고 한 걸음 더 나아가 "그 변화가 일어났다는 것을 우리는 어떻게 알 수 있는가?"에 대한 명확한 합의다.

많은 코칭이 효과를 내지 못하는 이유는 코치의 질문이 부족해서가 아니다. 코칭의 출발점에서 이 합의가 충분히 이루어지지 않았기 때문이다. 목적지가 불분명한 여행은 결국 어디에도 도착하지 못한다. 코칭도 마찬가지다.

뜬구름 같은 목표는 진짜 고객을 만족시키지 못한다. 고객이 코칭 초기에 이야기하는 목표는 대부분 추상적이다. "자신감을 키우고 싶어요.", "삶의 방향을 찾고 싶어요.", "일과 삶의 균형을 잡고 싶어요." 이러한 표현들은 틀리지 않았지만, 그대로는 코칭의 목표가 되기에는 부족하다. 손에 잡히지 않고, 눈에 보이지 않으며, 끝났는지 아닌지를 판단할 기준이 없기 때문이다. 진짜 고객은 시간과 비용을 지불하기 때문에 막연한 위로가 아니라, 자신이 변화하고 있다는 체감을 원한다.

따라서 코치는 고객이 말한 변화를 구체화해야 한다. '자신감이 생긴 상태란 어떤 모습인가?', '그때의 행동은 지금과 무엇이 달라지는가?', '그 변화를 주변 사람들은 어떻게 알아차릴 수 있는가?' 이러한 질문을 통해 목표는 점점 구체적인 형태를 갖추게 된다.

여기서 멈추면 아직 부족하다. 가시화된 목표는 다시 측정 가능하도록 수치화되어야 한다. 예를 들어 '회의에서 더 적극적으로 말하고 싶다'는 목표는 '회의에서 한 번도 말하지 않던 상태에서, 매 회의마다 최소 두 번 이상 의견을 말한다'는 수준까지 내려와야 한다. 이때 비로소 코칭 이후의 변화를 분명히 확인할 수 있다.

코칭의 효과는 측정될 때 비로소 체감된다. 코칭 세션이 끝났을 때 고객이 "뭔가 도움이 된 것 같아요."라고 말하는 것만으로는 충분하지 않다. 그것은 기분이 좋아졌다는 표현일 수는 있지만, 변화가 일어났다는 증거는 아니다. 코칭의 결과물은 '알아차림'이 아니라 변화다. 변화를 만들기 위해서는 실행이 필요하고, 실행을 지속시키기 위해서는 기준이 필요하다.

코칭합의 단계에서 목표가 측정 가능하도록 정리되어 있다면, 코칭이 끝난 이후에도 고객은 스스로를 점검할 수 있다. '나는 지금 어느 지점에 와 있는가?', '처음에 합의한 목표에 얼마나 가까워졌는가?' 이 질문에 답할 수 있을 때, 고객은 코칭의 가치를 체감한다.

이 과정이 빠진 코칭은 결국 대화로 끝난다. 의미 있는 대화일 수는 있지만, 삶을 움직이는 힘을 갖기는 어렵다. 진짜 고객은 이런 코칭에 오래 머물지 않는다. 코칭합의는 환경을 함께 디자인하는 일이다.

코칭합의를 단순한 사전 절차로 생각하면, 그 중요성을 놓치기 쉽다. 그러나 코칭합의는 고객과 코치가 함께 코칭 환경을 디자인하는 과정이다. 어떤 목표를 다룰 것인지, 어떤 기준으로 변화를 확인할 것인지, 코칭 사이의 실행은 어떻게 가져갈 것인지까지 모두 포함된다. 이때 코치는 방향을 제시하는 사람이 아니라, 구조를 함께 설계하는 파트너가 된다. 고객의 삶에 책임을 지는 사람은 고객 자신이기 때문이다. 코칭합의를 통해 고객은 스스로에게 약속을 하고, 코치는 그 약속이 유지될 수 있도록 환경을 지켜주는 역할을 맡는다.

진짜 고객을 코칭하는 핵심역량은 화려한 질문이 아니다. 깊은 통찰을 드러내는 한 문장의 질문도 아니다. 변화를 만들어낼 수 있는 구조를 함께 합의하고 설계할 수 있는 능력, 이것이 바로 진짜 고객을 코칭하는 코치에게 요구되는 가장 본질적인 역량이다. 이 역량이 갖춰질 때, 코치는 더 이상 '잘 물어보는 사람'에 머물지 않는다. 그는 고객의 변화를 책임지는 동반자가 되고, 그때 비로소 코치는 진짜 코치로서의 효능감을 경험하게 된다.

머무름의 공간

• 실제 코칭에서 가장 요구되었던 역량은 무엇이었는가?

• 내가 부족하다고 느낀 지점은 어디였는가?

• 그 역량을 키우기 위한 다음 실천은 무엇인가?

20장

그룹코칭은 진짜 고객을 만나기 위한 마케팅 전략

아직 코칭을 공부하는 많은 코치들이 '마케팅'이라는 단어 앞에서 한발 물러선다. 마치 마케팅은 코칭의 본질과는 거리가 먼 영역이거나, 코치다움과는 어울리지 않는 기술처럼 느껴지기 때문이다. 그러나 이 장에서 나는 분명히 말하고 싶다. 진짜 고객을 만나기 위해 마케팅은 선택이 아니라 책임이라는 사실을 기억해야 한다.

"구슬이 서 말이어도 꿰어야 보배가 된다."라는 말이 있듯이 아무리 많은 공부를 하고, 아무리 많은 코칭 이론과 기법을 머릿속에 쌓아두어도 고객을 만나지 못하면 그것은 여전히 흩어진 구슬에 불과하다. 코칭은 책상 앞에서 완성되지 않는다. 고객 앞에서 비로소 살아 움직인다.

하지만, 진짜 고객을 만나기 어려운 환경이 현실이다. 자격증을 취득하고, 충분한 인풋을 쌓았음에도 불구하고 많은 코치들이 같은 자리에 머무른다. '아직은 코칭을 많은 사람들이 알지 못해', '아직 준비가 덜 된 것 같다'는 이유로, '조금만 더 공부하면'이라는 말로 자신을 설득하며 인풋만 반복한다. 그러나 냉정하게 말해보자. 인풋은 끝이 없다. 그리고 인풋만으로는 결코 진짜 코치가 될 수 없다.

이 지점에서 나는 관점을 조금 바꿔보자고 제안하고 싶다. 개인코칭만이 코칭의 전부라는 생각에서 벗어나는 것, 그것이 진짜 고객을 만나기 위한 출발점이다. 개인코칭을 고집할수록 고객은 멀어진다. 많은 코치들이 '진짜 코칭은 1:1 개인코칭'이라는 믿음을 가지고 있다. 물론 개인코칭은 깊이가 있다. 고객의 이야기를 온전히 담아낼 수 있고, 변화의 밀도도 높다. 그러나 바로 그 이유 때문에 개인코칭은 고객에게도, 코치에게도 문턱이 높다.

고객의 입장에서 개인코칭은 비용 부담이 크고, 자신의 이야기를 혼자서 오롯이 꺼내야 한다는 심리적 부담도 따른다. 반면 코치의 입장에서는 '내가 과연 이 사람에게 충분한 가치를 제공할 수 있을까?'라는 압박이 커진다. 이렇게 양쪽 모두에게 부담이 큰 구조에서는 만남 자체가 쉽게 이루어지지 않는다.

그래서 많은 코치들이 개인코칭을 준비만 하다가 끝내 한 명의 고객도 만나지 못하는 상황에 놓이게 되고 코치로서의 정체성을 상실하게 된다. 이 지점에서 등장하는 대안이 바로 그룹코칭이다. 그 이유는 명확하다. 그룹코칭은 코치에게도, 참여자에게도 접근성이 훨씬 높기 때문이다. 그룹코칭은 공통의 관심사, 즉 같은 주제를 중심으로 사람들이 모인다. '커리어 전환', '리더십', '자기이해', '번아웃 회복'처럼 하나의 주제를 매개로 모인 사람들은 이미 대화를 하고 싶어 하는 상태다. 이들은 서로의 이야기에 자연스럽게 반응하고, 공감하며, 질문한다. 코치가 모든 에너지를 혼자서 쏟아붓지 않아도 집단 안에서 역동성이 스스로 만들어진다. 이것이 바로 그룹코칭의 힘이다.

개인코칭이 1:1의 구조라면, 그룹코칭은 1:N의 구조다. 여기서 N은 단순한 숫자가 아니다. 영향력의 배수다. 개인코칭에서는 고객이 코치 한 사람의 질문과 관점에서만 영향을 받는다. 반면 그룹코칭에서는 참여자 수만큼의 관점, 경험, 통찰이 오간다. 누군가의 말 한마디가 다른 사람의 사고를 흔들고, 또 다른 사람의 실행을 자극한다. 이 집단지성의 흐름 속에서 코칭은 훨씬 빠르게, 그리고 깊게 작동한다. 많은 사람들이 그룹코칭 이후 이렇게 말한다. "다른 사람 이야기인데, 왜 내 이야기 같죠?" 이 문장은 그룹코칭의 본질을 정확히 보여준다.

의외로 많은 코치들이 그룹코칭을 어려워한다. '더 많은 사람을 관리해야 하지 않을까?', '내 역량이 부족하면 드러나지 않을까?'라는 걱정 때문이다. 그러나 실제로는 그 반대다. 그룹코칭에서 코치의 역할은 '모든 답을 제공하는 사람'이 아니다. 진행자(facilitator)다. 구조를 설계하고, 시간을 관리하고, 참여가 고르게 이루어지도록 환경을 지키는 사람이다.

가장 중요한 역할은 세 가지다.

첫째, 시간 관리.
둘째, 참여의 균형.
셋째, 안전한 대화의 흐름 유지.

말을 독점하는 사람이 나타나면 부드럽게 개입하고, 소외되는 사람이 보이면 자연스럽게 발언의 기회를 열어준다. 서로의 이야기에 공감이 오가도록 돕고, 필요할 때 질문을 던져 흐름을 정리한다. 이것만으로도 그룹코칭은 충분히 작동한다. 이러한 과정에서 코치는 자신의 코칭 역량이 실제 현장에서 어떻게 작동하는지를 가장 빠르게 체감하게 된다.

그룹코칭의 가장 큰 장점 중 하나는 자연스러운 개인코칭으로의 연결이다. 그룹코칭에 참여한 사람들은 이미 코칭의 효과를 몸으로 경험한 상태다. 누군가의 질문에 흔들리고, 자신의 생각을 말로 정리하며, 실행을 약속해본 경험이 있다. 그 과정에서 이런 생각이 자연스럽게 떠오른다. '이걸 개인적으로 더 다뤄보고 싶다.' 이때 개인코칭은 더 이상 낯선 상품이 아니다.

이미 신뢰가 형성되어 있고, 코치의 스타일도 경험했다. 비용에 대한 부담도 상대적으로 줄어든다. 이렇게 개인코칭은 '설득'이 아니라 '확장'으로 이어진다.

이 장의 마지막에서 꼭 짚고 싶다. 내가 말하는 마케팅은 자신을 과장하거나 포장하는 일이 아니다. 마케팅은 코칭이 작동할 수 있는 장을 여는 일이다. 코치가 세상에 나서지 않으면, 도움이 필요한 사람과 만날 기회는 영원히 오지 않는다. 코칭을 필요로 하는 사람은 이미 많다. 문제는 '그들에게 도달할 구조를 만들었는가?' 다.

그룹코칭은 그 구조를 만드는 가장 현실적인 방법이다. 이 책을 덮는 순간, 나는 독자에게 한 가지 질문을 남기고 싶다. "당신은 아직도 준비만 하고 있는 코치인가? 아니면 고객을 만나기 위해 움직이기 시작한 코치인가?"

진짜 고객은 기다려주지 않는다. 그러나 코치가 한 걸음만 다가가면, 만날 수 있다. 그 출발점에 그룹코칭이 있기를 바란다. 그곳에서 당신은 비로소, 코치로서 우뚝 서게 될 것이다.

머무름의 공간

• 혼자가 아닌 구조가 나에게 주는 의미는 무엇인가?

• 그룹코칭이 코치를 성장시키는 이유는 무엇이라 느끼는가?

• 나는 어떤 장면에서 진짜 코치로 서고 싶은가?

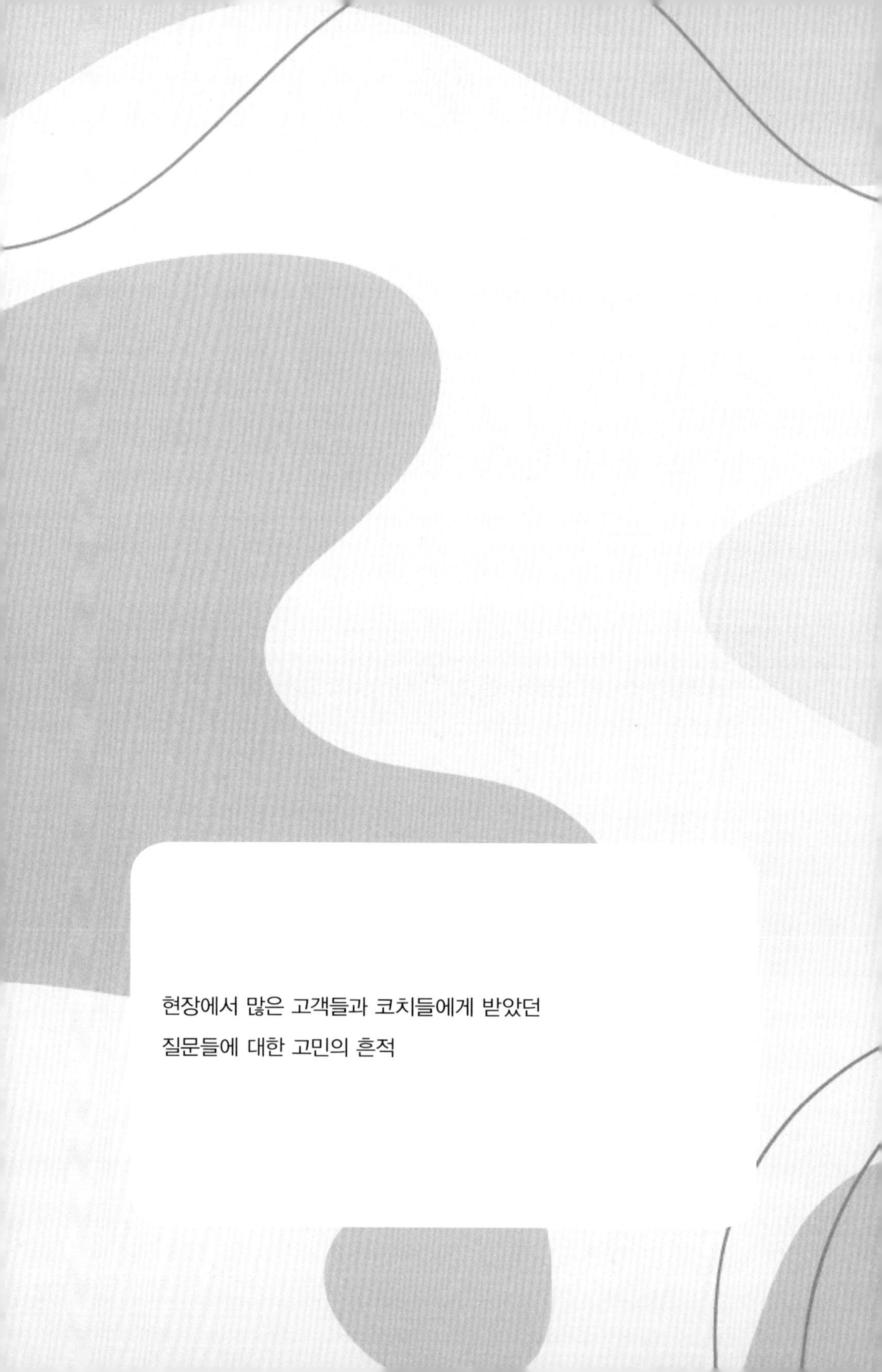

현장에서 많은 고객들과 코치들에게 받았던
질문들에 대한 고민의 흔적

PART 5
현장의 목소리

A 현장에서 코치를 하다 보면, 그리고 코치를 지도하다 보면 가장 자주 받는 질문 중 하나가 바로 이것이다. "상담과 코칭은 어떻게 다른가요?" 이 질문은 고객에게서도, 코치에게서도, 코치가 되려는 예비 코치에게서도 끊임없이 반복된다.

어떤 질문은 그 자체로 한 분야의 정체성을 규정하려는 시도이기도 하고, 어떤 질문은 지금의 나에게 무엇이 더 필요한지 알고 싶은 간절함에서 나오기도 한다. 나는 이 질문을 받을 때마다 다소 의외의 답을 한다. "저는 상담과 코칭의 차이가 없다고 생각합니다." 이 말에 고개를 갸웃하는 사람도 있고, 순간 당황하는 사람도 있다. 이미 많은 책과 강의에서 상담과 코칭의 차이를 구분해 설명해왔기 때문이다.

상담은 과거를 다루고, 코칭은 미래를 다룬다.

상담은 문제를 다루고, 코칭은 목표를 다룬다.

상담은 치유이고, 코칭은 성장이다.

이런 구분들은 분명 이해를 돕는 데는 유용하다.

그러나 현장에서 실제 사람을 만나며 코칭을 해온 경험으로 보자면, 이 구분은 어디까지나 설명 편의를 위한 구분이지, 사람의 삶을 다루는 실제 장면에서는 그렇게 명확하게 나뉘지 않는다.

본질적으로 상담과 코칭은 같은 결을 지닌다. 상담과 코칭은 모두 대화라는 매개를 통해 누군가에게 도움을 주는 행위다. 이 점에서 두 영역은 본질적으로 같은 결을 지닌다. 누군가 자신의 이야기를 꺼내고, 그 이야기를 누군가가 진지하게 듣고, 질문하고, 반응하고, 함께 사유하며, 조금 더 나은 방향을 모색한다는 점에서 그렇다. 사람은 혼자서 생각할 때보다, 자신의 이야기를 안전하게 펼칠 수 있는 상대가 있을 때 더 깊이 자신을 들여다보고, 더 멀리 나아간다.

상담이든 코칭이든, 그 핵심에는 바로 이 지점이 있다. 그래서 나는 상담과 코칭을 전혀 다른 영역으로 보기보다는, 넓은 의미에서 코칭은 상담의 한 분야라고 생각한다. 물론 이 생각이 정답이라고 말하고 싶지는 않다. 다만 현장에서 수많은 사람을 만나며 체감한 하나의 관점일 뿐이다. 차이가 있다면, 그것은 '방향'의 차이다 굳이 상담과 코칭의 차이를 이야기해야 한다면, 나는 그것을 분야의 차이가 아니라 접근 방향의 차이라고 설명한다.

그 방향의 기준은 이슈를 어디까지, 어떤 초점으로 다루느냐다. 고민이나 문제라는 이슈 자체를 더 깊이, 더 세밀하게 탐색하고 다루는 데 초점이 맞춰지면 그것은 상담에 가깝다. 하지만 고민이나 문제를 출발점으로 삼되, 그 너머의 목표, 그리고 목표 이후에 펼쳐질 변화된 삶에 더 많은 비중을 두면 그것은 코칭에 가깝다.

즉, 상담은 '왜 지금 이렇게 힘든가?'에 조금 더 오래 머물고, 코칭은 '그럼에도 불구하고 앞으로 어떻게 살고 싶은가'로 조금 더 빨리 시선을 옮긴다. 하지만 이 둘은 단절된 것이 아니라, 자연스럽게 이어져 있다. 문제를 충분히 다루지 않고 목표로만 달려갈 수 없고, 목표 없는 문제 탐색은 사람을 지치게 만든다. 그래서 나는 상담과 코칭의 차이를 기법의 차이, 강조점의 차이라고 본다. 현장에서는 더욱 경계가 무의미해진다.

　현장에서 실제 고객을 만나보면, "이 이슈는 상담으로 가야 할까요, 코칭으로 가야 할까요?"라고 명확하게 구분해서 오는 사람은 거의 없다. 사람들은 이렇게 말한다. "요즘 너무 힘들어요."

"뭔가 바꾸고 싶은데 잘 모르겠어요.", "이대로 사는 게 맞는지 모르겠어요." 그들은 상담과 코칭의 경계를 고민하지 않는다. 그저 자기 이야기를 안전하게 꺼낼 수 있는 누군가, 그리고 함께 고민해 줄 사람을 찾을 뿐이다. 그래서 나는 오히려 이렇게 말하고 싶다. 상담이나 코칭을 하는 사람이 그 경계를 과도하게 규정해서는 안 된다. 대상자는 이론을 들고 오지 않는다. 삶을 들고 온다.

　이런 흐름 속에서 자연스럽게 나타나는 현상이 있다. 상담을 업으로 하는 상담사들이 더 좋은 상담을 위해 코칭 기법을 배우기 시작했고, 코치를 업으로 하는 코치들 역시 더 깊이 있는 코칭을 위해 상담 기법을 공부하기 시작했다. 이는 매우 건강한 변화라고 생각한다. 사람을 돕는 일을 하는 전문가라면, 자신의 틀을 지키는 데 에너지를 쓰기보다 사람에게 실제로 도움이 되는 도구를 확장해 가는 것이 더 중요하기 때문이다.

　질문이 필요할 때는 질문을 쓰고, 공감이 필요할 때는 공감을 하고, 정서적 지지가 필요할 때는 그 자리에 머물 줄 아는 것. 이 모든 것이 상황에 따라 자연스럽게 이루어질 때, 상담도 코칭도 더 힘을 갖게 된다. 결국 중요한 것은 '이름'이 아니라 '만남'이다

　상담이냐, 코칭이냐의 구분보다 더 중요한 질문은 이것이다.

　"이 만남이 지금 이 사람에게 도움이 되는가?" 사람은 누군가와의 진짜 만남을 통해 변한다. 그 만남이 상담실에서 이루어졌든, 코칭 세션에서 이루어졌든 그 본질은 같다. 그래서 나는 이

렇게 정리하고 싶다. 상담과 코칭은 서로 다른 길을 가는 두 영역이 아니라, 사람이라는 한 존재를 향해 다른 각도에서 다가가는 하나의 여정이다. 그 여정에서 중요한 것은 어떤 이름의 전문가인가가 아니라, 지금 이 사람 앞에 어떤 태도로 앉아 있는가다. 그리고 그 태도가 경청이고, 존중이고, 진정성이라면 그 만남은 이미 충분히 좋은 상담이자 좋은 코칭이다.

Q 어떤 사람들이 코칭을 받으면 도움이 되는가?

A 이 질문에는 이미 하나의 고정관념이 깔려 있다. 많은 사람들이 이렇게 생각한다.

'상담은 문제가 있거나, 우울하거나, 심리적으로 불안한 사람들이 받는 것이고, 코칭은 이미 괜찮은 상태에서 더 성장하고 싶은 사람들이 받는 것이다.' 이 구분은 언뜻 그럴듯해 보인다.

실제로 코칭을 소개하는 많은 자료에서도 '성장', '목표', '미래', '잠재력' 같은 단어들이 강조된다. 그래서 자연스럽게 코칭은 '잘되고 있는 사람들이 더 잘되기 위해 받는 것'이라는 이미지가 만들어졌다. 하지만 현장에서 실제 사람들을 만나 코칭을 해온 경험으로 말하자면, 이 생각은 현실과는 거리가 있다. 아무 문제도 없는 사람이 코칭을 받는 경우는 거의 없다. 아주 단도직입적으로 말하자면, 아무런 고민도, 문제도, 불편함도 없는 사람이 돈과 시간을 들여 코칭을 받는 경우는 거의 없다.

그럼에도 불구하고 코칭을 선택한다는 것은 이미 그 사람 안에 어떤 이슈가 존재한다는 뜻이다. 그 이슈가 눈에 띄는 '문제'일 수도 있고, 명확히 말로 설명하기 어려운 '막막함'일 수도 있으며, 겉으로는 잘 굴러가지만 속에서는 계속 걸리는 '불편함'일 수도 있다.

즉, 코칭은 아무 문제가 없는 사람을 위한 영역이 아니라, 문제가 있음을 인식했거나, 혹은 문제의 정체를 아직 정확히 모르지만 이대로는 아닌 것 같다고 느끼는 사람에게 도움이 되는 영역이다. 이 점에서 코칭은 상담과 크게 다르지 않다. 코칭의 주제는 생각보다 훨씬 넓고 다양하다. 현장에서 이루어지는 코칭 대화를 들여다보면, 코칭의 주제는 우리가 흔히 생각하는 것보다 훨씬 넓다. 물론 목표 설정, 성과 향상, 실행 계획 같은 주제도 많다. 하지만 그 이면을 조금만 들여다보면, 대부분의 코칭은 결국 사람의 삶과 관계, 선택의 문제로 이어진다.

예를 들어, '인간관계'라는 하나의 주제만 놓고 보아도 그렇다. 같은 '인간관계'라는 말 아래에서 전혀 다른 이야기가 펼쳐진다. 직장에서 상사와의 관계로 매일이 버거운 사람, 팀원들과의 관계에서 늘 눈치를 보느라 지쳐 있는 사람, 가정에서 배우자와의 거리감으로 고민하는 사람, 부모와의 관계에서 여전히 벗어나지 못한 감정을 안고 있는 사람, 특별한 갈등은 없지만, 사람을 대하는 방식 자체가 어려운 사람, 겉으로 보면 모두 '인간관계'라는 같은 주제를 가지고 있지만, 그 안에 담긴 감정, 경험, 맥락은 완전히 다르다.

이러하듯 코칭에서 다루어지는 주제는 매우 다양하다. 진로와 커리어에 대한 고민 현재의 일을 계속해야 할지에 대한 갈등, 비즈니스와 리더십의 문제, 성과에 대한 압박과 불안, '나는 누구인가'라는 정체성의 질문, 잘 살아가고 있는지에 대한 막연한 의문, 겉으로는 안정적인데 마음은 공허한 상태, 이 중 어떤 것도 특정 성별이나 연령층에만 국한되지 않는다. 청년에게도, 중년에게도, 노년에게도 각자의 삶의 자리에서 각자의 이슈가 존재한다. 코칭은 문제를 부정하지 않는다. 코칭이 '성장'만을 다룬다는 오해가 생기면서, 마치 코칭은 문제를 다루지 않는 것처럼 여겨지기도 한다. 하지만 이는 사실과 다르다. 코칭은 문제를 회피하지 않는다. 다만 문제에 머무는 방식이 다를 뿐이다. 코칭은 문제를 '고쳐야 할 결함'으로만 보지 않고, '이 사람이 지금 여기까지 오게 만든 맥락'으로 바라본다.

그리고 그 문제를 통해 이 사람이 무엇을 중요하게 여기는지, 어디로 가고 싶은지를 함께 탐색한다. 그래서 코칭은 문제가 있는 사람에게도, 문제를 명확히 정의하지 못한 사람에게도 모두 의미 있는 대화가 될 수 있다. 결국 중요한 기준은 하나다. 그렇다면 어떤 사람들이 코칭을 받으면 도움이 되는가? 이 질문에 대한 기준은 생각보다 단순하다. 지금 자신의 삶을 한 번쯤 제대로 들여다보고 싶은 사람 혼자서 생각하는 데 한계를 느낀 사람 누군가와 함께 자신의 이야기를 풀어보고 싶은 사람이 조건에 해당한다면, 그 사람은 이미 코칭을 받을 준비가 되어 있다.

코칭은 특별한 사람만을 위한 것이 아니다. 잘난 사람만, 성공한 사람만을 위한 것도 아니다. 삶을 살아가다 보면 누구나 마주하게 되는 '이슈가 있는 순간'에 함께할 수 있는 대화 방식이다. 그래서 나는 이 질문의 답을 이렇게 정리하고 싶다. 문제가 없는 사람이 코칭을 받는 것이 아니라, 문제가 있다는 사실을 외면하지 않으려는 사람이 코칭을 통해 도움을 받는다. 그리고 그것은, 결국 우리 모두의 이야기다.

Q 에고와 직관의 차이는?

A 이 질문 속에는 하나의 두려움이 숨어 있다. '에고가 있으면 나는 좋은 코치가 될 수 없는 게 아닐까?'라는 두려움이다. 코치도 인간인데, 에고리스가 가능할까? 나는 이 질문을 받을 때마다 오히려 반문하고 싶어진다. 과연 코치가 에고가 없는 상태로 코칭을 하는 것이 가능한 일일까?

코치도 인간이다. 생각이 있고, 경험이 있고, 감정이 있다. 고객의 말을 들으면 당연히 내면에서 무언가가 반응한다. 그 반응이 전혀 일어나지 않는다면, 그것은 깨어 있음의 상태라기보다는 차라리 무감각에 가깝다. 만약 코치가 에고를 완전히 없애야만 진정한 코치가 될 수 있다면, 우리는 이미 인간의 영역을 벗어나야 한다. 공자와 같은 성인의 경지에 이르러야 가능한 이야기다. 그렇다면 질문을 바꿔야 한다. '에고를 없앨 수 있는가?'가 아니라 '에고를 어떻게 다룰 것인가?'가 되어야 한다. 맥락적 경청이 말하는 '내 마음의 반응' 나는 맥락적 경청을 이렇게 정의한다. '말하는 것과 말하지 않는 것, 그리고 내 마음에 일어나는 반응을 함께 듣는 것.' 여기서 많은 코치들이 멈칫한다. '내 마음에 일어나는 반응'이란 도대체 무엇인가? 바로 지금 우리가 이야기하고 있는 에고와 직관이 출발하는 지점이다. 고객의 이야기를 듣는 순간, 코치의 내면에는 반드시 반응이 일어난다. 그 반응은 생각일 수도 있고, 감정일 수도 있고, 어떤 느낌이나 이미지일 수도 있다.

중요한 사실은 에고와 직관은 출발점이 다르지 않다는 것이다.

둘 다 고객의 이야기를 들으면서 코치의 내면에서 일어나는 '반응'이라는 점에서는 동일하다. 그럼에도 불구하고 하나는 코치의 최고의 미덕으로 칭송받고, 다른 하나는 코치를 괴롭히는 부덕처럼 취급된다. 이 차이는 어디에서 생기는 것일까?

에고와 직관의 결정적 차이 나는 이 차이를 '내용의 차이'가 아니라 '시기와 표현의 차이'라고 생각한다. 고객의 말을 듣자마자 즉각적으로 해석하고, 즉각적으로 판단하고, 즉각적으로 말하고 싶어지는 반응, 이것이 코칭에서 말하는 에고에 더 가깝다. 이때 코치는 고객보다 앞서가 있고, 고객의 이야기를 끝까지 듣기 전에 이미 결론을 내려버린 상태다. 그래서 질문은 궁금함에서 나오지 않고, 확신이나 조언에 가까운 방향으로 흘러간다.

반면 직관은 다르다. 직관은 서두르지 않는다. 고객의 이야기를 충분히 듣고, 질문을 통해 더 깊이 탐색하고, 침묵과 여백을 견딘 뒤에 어느 순간 '아, 이게 이 사람에게 정말 중요한 거구나.'라는 느낌의 형태로 올라온다.

직관은 번뜩이는 아이디어라기보다, 깊이 있는 경청 끝에 자연스럽게 떠오르는 알아차림에 가깝다. 직관은 타고나는 것이 아니라 길러진다. 많은 사람들이 직관을 타고난 재능처럼 생각한다. '저 코치는 원래 직관이 좋은 사람이야.', '저건 배워서 되는 게 아닌 것 같아.' 하지만 현장에서 수많은 코치들을 지켜보며 확신하게 된 것이 있다. 직관은 갑자기 불현듯 생기는 능력이 아니다. 직관은 온전히, 깊이, 끝까지 듣는 경험이 반복될 때 서서히 길러진다. 겉으로 보기에는 순간적인 통찰처럼 보이지만, 그 밑바탕에는 말을 끊지 않고 듣는 힘 모른 채로 머무를 수 있는 인내,

판단을 잠시 보류하는 훈련이 깔려 있다. 그래서 직관은 에고를 억누른 결과물이 아니라, 에고를 알아차리고 기다릴 수 있을 때 나타나는 반응이다. 직관을 표현하지 않으면 무슨 일이 일어날까? 여기서 또 하나 중요한 오해가 있다. "직관이 떠올라도 말하지 않는 것이 더 안전한 코칭 아닌가요?" 나는 이 질문에 이렇게 답한다. "구더기가 무서워서 장을 못 담그는 것과 같다." 직관을 느끼고도 혹시 틀릴까 봐, 혹시 개입일까 봐, 혹시 에고일까 봐 아무 말도 하지 않는다면, 그 코칭은 결국 안전하지만 깊어지지 못한다. 중요한 것은 직관을 느끼지 않는 것이 아니라, 직관을 어떻게 표현하느냐다.

지금 이 반응이 너무 빠르지는 않은지, 고객의 말을 충분히 들은 뒤인지, 내가 알고 싶어서 나온 질문인지, 아니면 말하고 싶어서 나온 말인지를 스스로에게 묻는 것이다. 이 질문을 멈추지 않는 한, 에고는 코치를 괴롭히는 적이 아니라 직관으로 가기 전 반드시 거쳐야 할 관문이 된다. 에고와 직관은 대립되는 것이 아니다. 같은 출발점에서, 다른 태도로 갈라지는 두 갈래의 길이다. 그리고 코칭은 그 갈림길 앞에서 매 순간 깨어 있는 선택을 요구하는 대화다.

A 공감은 능력이 아니라 '필요한 순간'에 대한 감각이다. 나는 이 질문을 받을 때 공감 기술부터 설명하지 않는다. 대신 우리 모두가 이미 경험해본 인생의 장면 하나를 떠올려보게 한다. 우리가 살아가면서 가장 위로가 필요한 대표적인 순간은 언제일까? 바로 부모님이 돌아가셨을 때다. 그 순간의 슬픔은 말로 다 표현할 수 없을 만큼 크고 깊다. 그래서 우리는 지인들에게 부고를 전한다. 그 메시지의 이면에는 이런 마음이 담겨 있다.

'나 지금 너무 힘드니, 와서 함께 있어 달라.' 반대로, 가장 축하를 받고 싶은 대표적인 순간은 언제일까? 바로 자녀의 결혼식이다. 그래서 그때도 우리는 지인들에게 소식을 알린다.

'나에게 정말 기쁜 일이 생겼으니, 함께 기뻐해 달라.'

이 두 장면에서 공통점이 있다. 사람은 위로와 격려가 필요한 순간, 그리고 축하받고 싶은 순간에 자연스럽게 공감을 원한다는 것이다. 공감은 항상 필요한 것이 아니다. 모든 말에 공감할 필요도 없다. 공감은 필요한 순간에만 등장해도 충분하다. 코칭에서 공감이 필요한 순간은 언제인가? 코칭에서도 마찬가지다. 고객의 대화에는 크게 두 흐름이 있다. 하나는 고민과 문제, 좌절과 혼란을 다루는 순간이고 다른 하나는 목표 이후의 변화된 삶, 기대와 희망을 이야기하는 순간이다.

전자의 순간에는 위로와 이해의 공감이 필요하고, 후자의 순간에는 축하와 지지의 공감이 필요하다. 이 지점까지 이해하면 공감이 언제 필요한지는 비교적 명확해진다. 하지만 대부분의 코치들은 여기서 다시 막힌다. "시기는 알겠는데, 어떻게 말해야 할지가 너무 어렵습니다." 공감을 어려워하는 사람들의 공통된 오해가 있다. 공감은 말을 잘해야 가능한 것이라는 생각이다. 그래서 표현을 고민하다가 결국 가장 안전한 말, "아, 그렇군요."로 돌아오게 된다. 하지만 공감은 멋진 문장을 만들어내는 기술이 아니다.

공감의 본질은 상대의 내면을 정확히 이해하려는 태도에 있다. 그래서 나는 공감을 잘하고 싶어 하는 코치들에게 이렇게 말한다. "공감을 하려고 하지 말고, 먼저 감정을 묻는 질문을 하세요." 공감을 쉽게 만드는 가장 확실한 방법 공감에는 정답이 없다. 그래서 오히려 가장 안전하고 쉬운 방법은 고객의 감정을 고객의 입으로 먼저 듣는 것이다.

예를 들어, 주제를 탐색하는 과정에서 고객이 부정적인 이야기를 쏟아낸다고 가정해보자. 이때 많은 코치들은 바로 공감 표현을 하려고 애쓴다. 하지만 이럴수록 공감은 어색해진다. 이때 코치가 할 일은 단 하나다. 질문을 먼저 하는 것이다. "지금 말씀하시면서 어떤 감정이 올라오셨나요?" 이 질문을 받으면 고객은 자신의 내면을 잠시 들여다보게 된다. 그리고 이렇게 말할 수 있다. "답답함이요.", "속상함이요.", "분노요.", "허탈함이요." 이제 코치는 더 이상 고민할 필요가 없다. 고객이 말한 그 범위 안에서 되돌려주기만 하면 된다. "그만큼 많이 답답하셨겠어요.", "제가 고객님 입장이라도 저 역시 많이 속상했을 것 같아요." 이것이 공감적 표현이다. 과장할 필요도 없고, 꾸밀 필요도 없다.

고객이 표현한 감정을 존중하며 되돌려주는 것, 그 이상도 이하도 아니다. 축하의 공감도 같은 원리다. 목표 이후의 대화를 할 때도 원리는 같다. 고객이 목표가 이루어진 모습을 이야기할 때 목소리에 에너지가 실리고 표정이 밝아진다. 이때도 코치는 바로 축하부터 하지 않는다. 질문을 먼저 한다. "지금 그 장면을 이야기하시면서 어떤 느낌이 드시나요?" 고객은 이렇게 답할 수 있다. "기쁘고 뿌듯해요.", "설레요.", "드디어 해냈다는 느낌이에요." 그다음에 축하의 공감을 하면 된다. "그만큼 정말 기쁘고 뿌듯하신 순간이네요.", "고객님 말씀을 들으니 저도 기쁜데 고객님께서 얼마나 기쁘셨겠어요?", "그 장면을 떠올리는 것만으로도 에너지가 느껴집니다."

이때의 공감은 고객의 동기를 더욱 강화시키는 힘을 갖는다. 공감은 경청의 결과다. 결국 공감은 별도의 기술이 아니다. 경청이 충분히 이루어졌을 때 자연스럽게 따라오는 결과물이다. 그래서 공감이 어려운 사람에게 가장 필요한 연습은 공감 문장을 외우는 것이 아니라, 감정을 묻는 질문을 익히는 것이다. 공감은 잘하려고 애쓸수록 멀어지고, 고객을 제대로 이해하려고 할수록 가까워진다.

A 코치자격증을 준비하는 코치들을 지도하다 보면, 비교적 짧은 시간 안에 쉽게 발견할 수 있는 공통적인 언어적 버릇이 있다. 바로 고객이 이야기를 하면 앵무새처럼 그 말을 그대로 되돌려주며 질문하는 습관이다.

"그러니까 지금 OOOOOOOO라고 말씀하셨는데…?"

이런 질문들은 코칭 현장에서 매우 익숙하게 들린다. 코치 본인도 이 질문을 던지며 '나는 경청하고 있다.', '코칭을 제대로 하고 있다.'라는 안도감을 느낀다. 특히 코치자격증 실기시험을 준비하는 과정에서는 이 습관이 더 강하게 굳어진다. 하지만 코칭을 조금만 더 깊이 들여다보면 이 질문 방식이 코칭의 흐름을 막고 있다는 사실을 알게 된다.

코칭에서 흔히 말하는 이상적인 언어 비율은 8대2라고 한다. 고객이 80% 이야기하고, 코치는 20%만 이야기하는 구조를 의미한다. 이 비율이 중요한 이유는 분명하다. 코칭은 코치가 설명하거나 해석하는 시간이 아니라, 고객이 자신의 생각을 꺼내고 정리하며 확장해 가는 시간이기 때문이다. 그래서 코치의 질문은 짧고, 간결하고, 핵심을 건드릴수록 좋다.

그런데 고객이 이야기한 내용을 길게 되돌려주며 질문으로 이어가게 되면 자연스럽게 코치의 말이 길어진다. 의도와 달리 언어 비율은 8대2가 아니라 6대4, 심지어 5대5로 무너진다. 이 순간, 코칭은 '고객 중심의 대화'가 아니라 '코치의 언어가 많은 대화'로 변질된다. 왜 코치들은 말을 길게 되돌려줄까? 이 습관은 단순한 말버릇이 아니다. 그 이면에는 몇 가지 공통된 심리가 숨어 있다.

첫째, 바로 질문으로 들어가는 것에 대한 불안감이다. 다음 질문이 명확하지 않을 때 코치는 시간을 벌기 위해 고객의 말을 반복한다.

둘째, 경청하고 있다는 신호를 보여주고 싶은 욕구다. 고객에게, 혹은 심사위원에게 '나는 잘 듣고 있다'는 것을 증명하려는 마음이다.

셋째, 질문을 정리할 시간을 확보하려는 목적이다. 고객의 말을 되돌려주며 그 사이 머릿속에서 질문을 조합한다. 이 모든 이유는 이해할 수 있다. 그러나 문제는 이 방식이 습관이 되는 순간 코칭의 본질에서 멀어지기 시작한다는 점이다. 되돌려주기의 핵심은 '길이'가 아니라 '지점'이다. 여기서 중요한 전환이 필요하다. 고객의 말을 되돌려주는 것 자체가 잘못된 것은 아니다. 문제는 얼마나 길게 되돌려주느냐가 아니라 어디를 되돌려주느냐다.

고객의 이야기를 문장 단위로 길게 반복하는 대신, 고객이 마지막에 사용한 단어 하나, 혹은 그 이야기의 핵심 지점만을 짚는 것이 훨씬 효과적이다. 이를 흔히 대표적인 경청 기법인 백트래킹 기법이라고 한다. 예를 들어 고객이 이렇게 말했다고 해보자. "요즘 팀원들과의 관계도 힘들고, 일에 대한 의욕도 많이 떨어졌어요." 이 말을 그대로 반복하는 대신 코치는 이렇게 짧게 되돌릴 수 있다. "의욕이 떨어졌다…", "관계가 힘들다는 느낌…" 그리고 바로 질문으로 이어가는 것이다. 그리고 침묵과 짧은 반응과 호응은 훌륭한 코칭 언어다. 많은 코치들이 간과하는 사실이 하나 있다. 코칭에서 반드시 말로만 반응해야 하는 것은 아니다. 오히려 때로는 침묵, 혹은 아주 짧은 반응과 호응이 가장 강력한 코칭 언어가 된다. "아~ 예.", "음~ 그렇군요.", "아…", "예." 이러한 짧은 취임새의 반응과 호응은 고객에게 충분히 경청하고 있다는 것을 전달된다. 그리고 그 여백 속에서 코치는 질문을 정리하고, 고객은 자신의 생각을 한 번 더 들여다보게 된다.

고객의 말을 되돌려주기는 정리가 필요할 때, 고객이 자신의 말을 다시 들을 필요가 있을 때, 대화의 흐름을 잠시 묶어야 할 때 매우 유용한 도구가 된다. 그러나 습관적으로 사용하는 순간 그 도구는 코칭의 흐름을 막는 장애물이 된다. 코치는 앵무새처럼 고객의 말을 따라 말해주는 사람이 아니다. 고객의 말 속에서 다음 질문이 열릴 지점을 발견하는 사람이다. 말을 줄이고, 침묵을 견디고, 핵심만 짚는 질문을 던질 수 있을 때 코칭은 훨씬 가벼워지고 깊어진다. 고객의 말을 반복하는 데서 벗어나는 순간, 코치는 비로소 대화를 관리하는 사람이 아니라 변화를 동행하는 사람이 된다.

A 많은 예비코치들과 코치들이 코치자격증 때문에 적지 않은 스트레스를 받고 있는 것이 사실이다. 그래서 현장에서 가장 많이 받는 질문 중 하나가 바로 이것이다.

"도대체 합격하기 위한 필살기 전략은 무엇인가요?"

이 질문에는 불안함, 조급함, 간절함이 함께 담겨 있다. 누군가는 한 방에 합격하고 싶고, 누군가는 최소한 실패는 피하고 싶다. 이 질문에 대한 답은 이미 한국코치협회 홈페이지에 모두 공개되어 있다. 코칭합의, 성과관리와 같은 전문계발 영역부터 관계구축, 적극경청, 의식확장, 성장지원, 그리고 총평에 이르기까지 실기심사의 평가기준은 명확하게 제시되어 있다. 즉, "무엇을 평가하는지 모르겠다."라는 말은 사실 더 이상 유효하지 않다. 그럼에도 불구하고 많은 응시자들이 실기심사에 대해 여전히 어려움을 느끼고, 큰 부담과 압박을 경험한다. 왜 그럴까? 합격을 보장해주는 특별한 질문, 심사위원의 마음을 사로잡는 결정적 한마디, 혹은 절대 실패하지 않는 마법의 구조가 있을 것이라 기대한다.

그러나 시험에서 단 하나의 필살기만으로 합격할 수 있다는 생각은 굉장히 위험한 발상이며, 극히 주관적인 기대에 가깝다. 왜냐하면 코치자격증 실기시험은 한 가지 역량만 잘해서 합격할 수 있는 시험이 아니기 때문이다. 주제 탐색의 깊이, 목표 설정의 명확성, 대안과 실행계획의 현실성, 관계 형성, 경청, 질문, 성장지원까지 모든 영역이 유기적으로 연결된 종합 평가다. 그래서 나는 이 질문에 이렇게 답하고 싶다.

코치자격증 시험에서 합격하기 위한 가장 강력한 전략은 '시간 관리'다. 코치자격증 주어진 시간 안에서 코칭의 전체 흐름을 얼마나 전략적으로 운영하느냐가 합격 여부를 결정짓는 핵심 요소가 된다. 왜냐하면 코칭에는 소홀히 할 수 없는 세 개의 큰 영역이 있기 때문이다.

주제의 영역, 목표의 영역, 대안과 실행계획의 영역 이 중 어느 하나도 생략하거나 대충 넘어갈 수 없다. 한쪽에 치우치면 다른 영역이 무너지고, 결국 코칭 전체의 균형이 깨진다. 그래서 실기시험에서 중요한 것은 '얼마나 잘 질문했는가?' 이전에 '시간 안에서 전체 구조를 조화롭고 자연스럽게 운영했는가'이다.

KAC는 시간 자체가 빠듯하다. 그래서 깊이 있는 탐색보다는 전체 진행 흐름을 보여주는 것이 핵심이다. 주제 탐색에서 너무 오래 머물지 않기, 목표는 명확하고 단순하게, 실행계획은 현실적이고 구체적으로 KAC에서는 '얼마나 깊이 들어갔는가?'보다 '코칭의 기본 구조를 안정적으로 구현했는가'가 더 중요하다. 시간관리의 실패는 곧 구조의 붕괴로 이어진다.

KPC는 KAC보다 10분이 더 주어진다. 이 10분은 단순한 '여유 시간'이 아니다. 전략적으로 활용해야 할 확장 구간이다. 주제에서 한 번 더 질문할 수 있는 여지, 목표 설정 이후 목표 너머의 목표를 생각하게 하는 질문, 행동으로 촉진시키는 질문이 여유를 어떻게 쓰느냐에 따라 KPC 코칭은 표면적인 코칭이 될 수도 있고, 한 단계 깊어진 코칭이 될 수도 있다. 하지만 여기서도 시간 관리의 원칙은 동일하다. 어느 한 영역에 과도하게 머무르지 않고 전체 흐름을 끝까지 완성하는 것이다.

KSC 역시 같은 맥락에서 접근해야 한다. 시간이 늘어났다고 해서 구조가 바뀌는 것은 아니다. 코칭의 본질은 같기 때문이다. 오히려 KSC에서는 시간 안배를 통해 코치의 판단력과 의도성이 더 명확하게 드러난다. 왜 지금 이 질문을 던졌는가? 왜 이 지점에서 전환했는가? 왜 이 실행계획이 선택 되었는가? 이 모든 것이 시간 관리 속에서 자연스럽게 증명된다.

합격은 '잘한 한 장면'이 아니라 '완성도'다. 코치자격증 시험에서 합격을 결정짓는 것은 인상 깊은 질문 하나가 아니다. '주제-목표-실행으로 이어지는 코칭의 전체 여정이 얼라인을 이루었는지?, 주어진 시간 안에서 완성했는가?' 다. 그래서 필살기는 특별한 질문이 아니라, 화려한 테크닉이 아니라, 시험이라는 환경을 이해하고 그 안에서 코칭을 전략적으로 운영하는 능력이다.

A "고객의 이야기가 이렇게 많은데, 그중에서 중요한 키워드를 어떻게 놓치지 않을 수 있나요?" 이 질문에 대해 "그냥 주의 깊게 경청하면 됩니다."라고 답하는 것은 솔직히 조금 무책임하게 느껴진다. 왜냐하면 대부분의 코치들은 이미 최선을 다해 듣고 있기 때문이다. 그럼에도 불구하고 '분명 중요한 말을 했던 것 같은데 놓쳤다'는 문제는 경청의 의지보다 경청의 방식에 있다.

키워드를 놓치는 코치들의 공통점은 고객의 말을 '이해하려고' 듣는다는 점이다. 이해하려고 듣는 순간, 코치의 머릿속에서는 해석이 시작되고 그 해석은 고객의 언어 위에 덧씌워진다. 그 결과, 고객의 말 중 일부는 흘러가고 코치가 이해한 내용만 남게 된다. 키워드는 '정답'이 아니라 '흔적'이다.

코칭에서 말하는 키워드는 어떤 특별한 단어나 멋진 표현이 아니다. 키워드는 고객이 무심코 흘린 말, 반복해서 사용하는 단어, 설명하지 않고 지나간 표현, 혹은 말끝을 흐린 지점에 숨어 있다. 즉, 키워드는 고객의 생각이 아직 정리되지 않은 자리이자, 고객의 의식이 머뭇거리는 흔적이다. 그래서 키워드를 잡아낸다는 것은 고객의 말을 요약하거나 정리해 주는 것이 아니라, 고객이 아직 명료하지 못한 지점을 그대로 들고 오는 것에 가깝다.

방법 ①: 코칭을 할 때 앞에 시나리오가 적혀 있는 것을 없애고, 빈 여백의 종이 한 장만 두는 연습을 권한다. 질문 리스트, 단계별 흐름, 머릿속에 그려진 구조를 잠시 내려놓고 그 여백을 고객의 키워드로만 채워보는 것이다. 지금 고객이 실제로 사용한 단어는 무엇인가? 설명하지 않고 넘어간 표현은 무엇인가? 반복해서 등장하는 단어는 무엇인가? 이 여백은 코치의 생각을 적는 공간이 아니라, 고객의 언어를 그대로 남겨두는 공간이다.

방법 ②: 키워드를 놓치지 않기 위해서는 고객을 앞서가려는 태도를 내려놓는 것이 중요하다. 코칭 대화를 '이끌어가는 것'이 아니라 '따라가는 것'에 가깝게 운영해 보자. 마치 고객이 길을 걸어가며 중요한 말을 흘리고 지나가면 코치가 그 말을 주워서 다시 고객에게 건네주는 느낌이다. "아까 '답답하다'고 하셨는데, 그 말이 계속 남아 있네요.", "방금 '항상'이라는 표현을 쓰셨는데, 그게 의미하는 게 뭘까요?" 이렇게 접근하면 키워드는 잡아내는 대상이 아니라 자연스럽게 다시 건네는 매개가 된다.

방법 ③: 고객의 언어를 '외래어'처럼 다루는 것도 좋은 방법이다. 키워드를 놓치는 가장 큰 이유 중 하나는 코치가 고객의 말을 '아, 그 말 무슨 뜻인지 알겠다.' 너무 빨리 이해해 버리기 때문이다. 그래서 나는 처음부터 고객의 언어를 외래어라고 생각하라고 말한다. 내가 알고 있는 의미와 같은가? 이 사람에게 이 단어는 어떤 경험에서 나온 말인가? 왜 하필 이 표현을 선택했을까? '알지 못함의 자세'를 유지하면 고객의 말 하나하나가 다시 들리기 시작한다. 이 태도는 코치를 겸손하게 만들고, 동시에 키워드에 민감하게 만든다.

키워드는 '기술'이 아니라 '태도'에서 살아난다. 이러한 방법들을 의식적으로 반복하다 보면 어느 순간 '아, 방금 그 말이 중요하다'는 감각이 느낌처럼 올라오는 순간을 경험하게 된다. 그때 흔히들 말한다. "귀가 열렸다." 그때부터 코칭은 어렵기보다 재미있어지고, 부담스럽기보다 궁금해진다. 왜냐하면 고객의 이야기 속에서 계속해서 새로운 길이 열리기 때문이다. 키워드를 놓치지 않는다는 것은 잘 듣는 기술을 익힌다는 의미가 아니다. 고객의 세계 안으로 들어갈 준비가 되어 있다는 증거다.

그리고 그 준비가 되었을 때, 코칭은 비로소 진짜 '동행'이 된다.

Q 침묵이 길어질 때, 언제까지 기다리고 언제 개입해야 하는가?

A 코칭을 하다 보면 질문보다 더 코치들을 불안하게 만드는 순간이 있다. 바로 침묵이 길어질 때다. 누군가와 단둘이 대화를 하다가 말이 더 이상 이어지지 않고 끊기는 순간, 우리는 본능적으로 '어색함'을 느낀다. 많은 코치들이 묻는다. "침묵이 길어질 때, 도대체 언제까지 기다려야 하고 언제 개입해야 하나요?" 이 질문은 코칭의 기술 이전에 코칭의 태도와 철학을 묻는 질문이기도 하다. 침묵은 문제일까, 신호일까? 우리는 흔히 침묵을 '대화가 잘 안 되고 있다는 신호', '무언가 잘못되었다는 증거'로 해석한다.

하지만 코칭 대화에서의 침묵은 대부분 문제가 아니라 과정이다. 고객이 자신의 생각을 정리하고, 자신의 감정과 연결되고, 지금까지 하지 않았던 생각을 꺼내기 직전일 때 침묵은 자연스럽게 발생한다. 즉, 침묵은 생각이 멈춘 순간이 아니라 생각이 움직이고 있는 순간일 수 있다.

그래서 중요한 질문은 '침묵을 없애야 하는가?'가 아니라 '이 침묵은 누구의 시간인가?'이다. 코칭 대화에서 침묵이 생기는 두 가지 경우 코칭에서 발생하는 침묵은 크게 두 가지로 나눌 수 있다.

첫 번째, 코치의 질문 이후 고객이 대답하지 않는 경우이다. 이 경우는 코치들이 가장 불안해하는 순간이다. 질문을 던졌는데 고객이 바로 반응하지 않는다. 고개를 숙이거나, 시선을 멀리 두거나, 아무 말 없이 가만히 있는 시간이 흐른다. 이때 많은 코치들은 참지 못하고 이렇게 말한다. "제가 질문을 좀 어렵게 했나요?", "다시 질문해볼게요.", "이런 의미였어요." 하지만 이 순간, 가장 좋은 선택은 기다리는 것이다. 왜냐하면 물음표는 이미 코치의 입을 떠났기 때문이다. 질문이 던져진 이후의 시간은 전적으로 고객의 시간이다. 고객은 지금 답을 모르는 것이 아니라 생각하고 있는 중일 가능성이 크다. 이때 코치가 개입해 버리면 고객은 생각을 멈추고 코치의 말에 다시 반응하게 된다. 결국 고객의 내면에서 일어나던 사고의 흐름은 끊어진다.

이 경우 코치가 개입해야 하는 시점은 명확하다. 고객이 이렇게 반응할 때다. "질문을 잘 못 들었어요.", "무슨 질문인지 다시 한 번 말씀해주시겠어요?", "조금 더 설명해주실 수 있나요?" 이때는 침묵이 '생각의 시간'이 아니라 '이해의 어려움'으로 바뀐 순간이므로 코치가 다시 개입하는 것이 적절하다. 그 전까지는 기다려주는 것이 코치의 역할이다.

두 번째, 고객의 말이 끝난 뒤 코치가 아무 말도 하지 않는 경우다. 이 경우는 겉보기에는 첫 번째와 비슷해 보이지만 본질은 전혀 다르다. 고객은 이미 말을 마쳤다. 그런데 코치가 아무런 반응도, 질문도 하지 않는다. 그 침묵이 길어지면 대화의 흐름이 끊어진 느낌을 준다. 이때 중요한 기준은 시간이다. 고객의 말이 끝난 직후 코치가 곧바로 말을 잇는 것보다 아주 짧은 여백을 두는 것은 오히려 굉장히 좋은 코칭의 모습이다. 왜냐하면 고객의 말이 끝난 것처럼 보여도 사실은 한 문장이 더 이어질 수 있기 때문이다. 그래서 나는 이 침묵의 적정 시간을 약 2초 정도라고 이야기한다. 이 2초는 어색한 침묵이 아니라 '아직 더 할 말이 있으면 해도 괜찮다'는 코치의 무언의 허락이다. 하지만 이 시간이 지나치게 길어지면 대화의 리듬이 깨지고 고객은 오히려 불안해질 수 있다. 그래서 이 경우에는 짧은 여백 이후 반응이나 질문으로 이어가는 것이 좋다.

침묵을 견디는 힘은 코치의 역량이다. 침묵을 대하는 태도는 코치의 실력을 그대로 드러낸다. 침묵을 두려워하는 코치는 말로 공간을 채우려 하고, 침묵을 신뢰하는 코치는 고객의 내면을 기다려준다. 코칭에서의 침묵은 아무것도 하지 않는 시간이 아니다. 오히려 가장 적극적으로 개입하고 있는 순간일 수 있다. 왜냐하면 코치는 그 순간 자신의 에고를 멈추고, 조언을 참아내고, 고객의 사고를 존중하고 있기 때문이다.

침묵은 코칭 대화를 깊게 만드는 가장 강력한 도구가 된다. 코칭은 말을 잘하는 기술이 아니라 기다릴 줄 아는 태도에서 완성된다. 침묵을 견딜 수 있을 때, 고객의 진짜 말이 비로소 나오기 시작한다.

A 코칭 현장에서 가장 자주, 그리고 가장 직접적으로 마주하게 되는 요청 중 하나는 바로 이것이다. "그래서 어떻게 하면 되나요?", "답을 좀 주세요.", "선생님이라면 어떻게 하실 것 같아요?" 이 질문 앞에서 많은 코치들이 흔들린다. 도와주고 싶은 마음이 앞서기도 하고, 전문가로서 뭔가를 말해줘야 할 것 같은 부담감도 느낀다.

사실 고객의 이런 요청은 이상한 것도, 잘못된 것도 아니다. 고객은 해결하고 싶은 문제나 고민이 있기 때문에 도움이 되는 조언을 듣고 싶어 한다. 혼자서 오랫동안 고민해봤고, 누군가에게 털어놓아도 답을 찾지 못했고, 그래서 '전문가'라고 여겨지는 코치를 찾아온 것이다. 그 간절함은 충분히 이해할 수 있다. 특히 코칭이라는 개념을 잘 모르는 일반 고객을 만났을 때 이런 요구는 더 분명하게 나타난다.

그럼에도 불구하고 코치는 반드시 기억해야 할 한 가지가 있다. 코치가 대신 내린 답은 결코 고객의 것이 될 수 없다는 사실이다. 코치가 준 답은 왜 실행되지 않을까? 코치가 답을 제시하면 고객은 순간적으로 안도한다.

'아, 그렇구나.', '역시 전문가다.' 그 순간만큼은 고민이 해결된 것처럼 느껴진다. 그러나 코칭 현장에서 수없이 반복해서 확인하게 되는 사실이 있다. 답을 받은 고객은 대부분 실행하지 않는다. 왜 그럴까? 그 답은 고객이 고민해서 얻은 것이 아니기 때문이다. 자신의 언어가 아니고, 자신의 맥락이 아니며, 자신의 선택이 아니다.

당장은 그럴듯해 보이지만 돌아서면 휘발유처럼 증발해버린다. 고객의 삶에 남지 않는다. 반대로 고객이 스스로 고민하고, 여러 갈래의 생각을 거쳐 "이거 한번 해볼 수 있겠다."라고 말하는 순간, 비로소 실행의 가능성이 생긴다. 그래서 코칭에서 중요한 것은 답을 주는 것이 아니라 답이 나오게 돕는 것이다.

'답을 달라'는 요청의 이면을 읽어야 한다. 고객이 "답을 주세요." 라고 말할 때, 그 말의 표면만 듣고 반응해서는 안 된다. 그 말의 이면에는 이런 마음들이 숨어 있는 경우가 많다. '더 이상 혼자서는 생각하기 힘들다.', '지금 이 상태에서 벗어나고 싶다.', '내가 뭘 놓치고 있는지 모르겠다. 누군가 방향을 잡아주길 바란다.' 즉, 고객은 답 그 자체보다 생각의 출구를 원하고 있는 경우가 많다.

그래서 코치의 역할은 답을 던져주는 사람이 아니라 고객의 사고가 고착된 지점에서 다시 흐를 수 있도록 생각의 물꼬를 터주는 사람이다. 고객이 답을 요구할 때 코치가 취해야 할 원칙은 분명하다. 답을 대신 제시하지 않는다. 그러나 고객을 혼자 두지 않는다. 다양한 관점으로 생각할 수 있도록 질문한다. 이 세 가지가 균형을 이룰 때 코칭은 비로소 힘을 갖는다. "답은 드릴 수 없습니다."라고 차갑게 선을 긋는 것도 코칭이 아니고, "그럼 제가 말씀드릴게요."라고 조언을 쏟아내는 것도 코칭이 아니다.

답을 찾지 못하고 방안을 물어오는 고객에게는 다음과 같은 질문들이 사고의 방향을 바꾸는 데 도움이 된다. "예전에 시도해봤던 방법 중에서 다시 한 번 해보고 싶은 것은 어떤 것이 있을까요?", "시도해보지는 않았지만 생각에만 머물러 있었던 것은 없었나요?", "주변에서 이미 이 상황을 잘 넘어간 사람을 떠올려본다면 누가 있을까요? 그 사람의 방식을 떠올려보면 어떤 힌트가 보이나요?", "정말 소중한 사람이 같은 고민으로 도움을 요청한다면 어떤 조언을 해주실 것 같나요?" 이 질문들의 공통점은 정답을 요구하지 않는다는 점이다. 대신 고객의 시선을 조금씩 다른 방향으로 이동시킨다. 그 과정에서 고객은 스스로 말한다.

"아, 이 방법도 있겠네요.", "이건 생각해보지 않았어요."

이 순간이 바로 코칭이 작동하는 지점이다. 답을 주지 않는 것이 무책임이 아니다. 초보 코치일수록 답을 주지 않으면 고객을 외면하는 것 같고, 무책임해 보일까 봐 불안해한다. 하지만 역설적으로 코치가 답을 주지 않을 때 고객은 비로소 자신의 삶에 책임을 지기 시작한다.

코칭은 고객의 삶을 대신 살아주는 일이 아니다. 고객이 자신의 삶을 스스로 선택하도록 곁에서 지지하는 일이다. 그래서 코치는 답을 주는 전문가가 아니라 질문을 통해 고객을 자기 답으로 데려가는 동행자다. 고객이 답을 요구할 때 그 요구를 거절하는 것이 아니라 그 요구를 다른 방식으로 존중하는 것, 그것이 코칭이다. 답을 주지 않았기에 고객은 생각했고, 생각했기에 움직일 수 있게 된다. 코치는 답을 주지 않음으로써 오히려 가장 큰 도움을 줄 수 있다.

A 코칭 전 자기 점검의 본질은 단순하다. '지금 나는 코치의 상태인가?' 이 질문에 스스로 솔직하게 답하는 것이다. 코치도 사람이다. 고객을 만나기 전까지 우리는 수많은 일상적 사건을 통과해 온다. 짜증 나는 일, 억울한 일, 감정이 상한 대화, 해결되지 않은 스트레스, 혹은 반대로 지나치게 들뜬 기쁨의 순간일 수도 있다. 문제는 이런 감정 상태의 연장 선상에서 고객을 만나는 순간이다. 코치는 스스로 괜찮다고 느낄지 모르지만, 고객은 놀라울 정도로 코치의 상태를 빠르게 감지한다.

질문이 깊지 않다, 반응이 형식적이다, 충분히 기다려주지 않는다, 말의 속도와 호흡이 맞지 않는다, 이런 신호들은 고객에게 아주 미세하지만 분명하게 전달된다. 그 결과, 고객은 마음의 문을 닫고 표면적인 이야기만 하게 된다. 코칭이 안전하지 않다고 느끼기 때문이다.

그래서 코칭 전에는 반드시 마인드셋의 전환이 필요하다. 나는 이것을 종종 '코치의 옷을 다시 입는 시간'이라고 표현한다. 마인드셋이란 거창한 의식이 아니다. 다음과 같은 질문을 스스로에게 던지는 것만으로도 충분하다.

'지금 내 감정 상태는 어떠한가?', '이 감정이 세션에 영향을 줄 가능성은 없는가?', '지금부터는 나의 이야기가 아닌, 고객의 세계에 머물 준비가 되었는가?', '오늘 이 고객에게 내가 제공해야 할 가장 중요한 태도는 무엇인가?' 이 과정을 통해 코치는 '일상의 나'에서 '코치로서의 나'로 자리를 이동하게 된다. 이 준비가 되어 있을 때, 고객은 있는 그대로 말해도 안전하다는 느낌을 받는다.

코칭이 끝난 직후는 그냥 지나치기 쉬운 시간이다. 다음 일정으로 이동하거나, 일상으로 복귀하기 바쁘기 때문이다. 그러나 역설적으로 이 시간이 코치에게 가장 중요한 성장의 구간이다. 코칭 직후는 세션의 장면, 고객의 표정, 말의 온도, 그리고 코치 자신의 개입이 가장 생생하게 남아 있는 순간이다. 이때 반드시 복기가 필요하다. 복기란 잘잘못을 따지는 평가가 아니다. 있는 그대로 되돌아보는 성찰의 과정이다. 다음과 같은 질문을 스스로에게 던져보는 것이 좋다.

오늘 고객의 핵심 이슈는 무엇이었는가?

고객이 정말 하고 싶어 했던 이야기는 충분히 다루어졌는가?

내가 개입한 순간들은 왜 그때 필요했는가?

혹시 나의 개인적인 호기심이나 해석을 충족시키기 위한 질문은 없었는가?

내가 던진 질문은 고객의 삶을 확장했는가, 아니면 정답을 찾게 만들었는가?

이 고객은 세션을 통해 어떤 사람으로 한 걸음 이동했는가?

이 질문들은 불편할 수 있다. 특히 코치로서 미흡했다고 느껴지는 장면을 떠올릴 때는 더 그렇다. 그러나 이 불편함을 회피하지 않고 바라보는 것이 코치를 한 단계 성숙하게 만드는 지점이다. 때로는 혼자 복기해도 설명되지 않는 감정이 남을 때가 있다. 특정 고객만 떠올리면 감정이 올라온다. 개입이 적절했는지 계속해서 의문이 든다. 세션 장면이 머릿속에서 반복된다. 이럴 때 필요한 것이 수퍼비전이다.

수퍼비전은 능력이 부족해서 받는 것이 아니다. 오히려 자기관리를 진지하게 하는 코치의 태도다. 상위 코치와 함께 세션을 돌아보며 자신이 놓친 지점, 감정이 개입된 지점, 역전이 가능성을 점검하는 과정은 코치를 다시 중심으로 돌려놓는다.

코치는 혼자 성장하지 않는다. 복기와 수퍼비전은 코치가 스스로를 보호하고, 고객을 보호하는 장치다. 세션 전·후 자기 점검은 체크리스트를 잘 지키느냐의 문제가 아니다. 그것은 코치로서의 태도에 가깝다.

나는 지금도 배우는 사람인가?

나의 상태가 곧 코칭의 도구임을 잊지 않고 있는가?

고객보다 내가 앞서가려 하지 않고 있는가?

이 질문을 놓지 않는 코치는 시간이 지날수록 질문이 단순해지고, 개입은 정교해지며, 존재 자체로 신뢰를 주는 코치가 된다. 결국 코칭의 깊이는 얼마나 화려한 질문을 하느냐가 아니라, 얼마나 자주 자신을 점검하며 코치의 자리로 돌아오는가에 달려 있다. 그리고 그 반복적인 자기 점검이 코치를 단순한 대화 기술자가 아니라 사람의 성장을 다루는 전문가로 만들어준다.

Q '왜'라는 질문은 하면 안 되는 질문인가?

A 코칭 현장에서 코치들과 이야기를 나누다 보면 반복적으로 등장하는 질문이 있다. "코칭에서 '왜(Why)'라는 질문은 위험하지 않나요?", "왜 질문은 쓰면 안 된다고 배웠는데, 정말 사용하면 안 되나요?" 이 질문에는 많은 코치들의 혼란과 두려움이 담겨 있다. 특히 코치 자격증 과정을 준비하는 과정에서, '왜'라는 질문을 닫힌 질문, 취조형 질문, 공격적인 질문으로 인식하며 의도적으로 피하려는 코치들이 적지 않다.

그래서 나는 이 질문을 받으면 단호하게 이야기한다. "Why 질문은 위험한 질문이 아니라, 반드시 필요한 질문입니다." 다만, 조건이 있다. 어떻게 사용하느냐에 따라 가장 강력한 질문이 되기도 하고, 가장 불편한 질문이 되기도 한다는 점이다.

먼저, 코치들이 '왜' 질문을 두려워하게 된 이유를 살펴볼 필요가 있다. 우리가 일상에서 경험한 '왜' 질문의 상당수는 다음과 같은 맥락이었다.

"왜 그렇게 했어?"

"왜 그것도 못해?"

"도대체 왜 그런 생각을 한 거야?"

이런 질문들은 대부분 책임을 묻거나, 변명을 요구하거나, 잘못을 지적하는 상황에서 사용되었다. 그래서 '왜'라는 단어는 자연스럽게 공격적이다, 방어를 불러일으킨다, 취조당하는 느낌을 준다는 이미지로 각인되어 왔다. 문제는 이 경험이 그대로 코칭 현장으로 옮겨진다는 점이다.

코치가 "왜 그렇게 생각하세요?"라고 짧게 묻는 순간, 고객은 질문의 의도가 아니라 과거의 경험에 반응해버린다. 그래서 고객은 이렇게 느낄 수 있다.

'내가 뭔가 잘못 말했나?', '이유를 대야 하나?', '설명 잘 못하면 평가받는 건가?' 이때 고객은 탐색 모드가 아니라 방어 모드로 들어간다. 바로 이 지점 때문에 '왜' 질문이 위험하다고 느껴지는 것이다.

'왜' 질문의 핵심은 비난이 아니라, 목적과 의미를 묻는 데 있다. 왜 그것을 중요하다고 느끼는가? 왜 지금 이 이슈가 다시 떠올랐는가? 왜 이것이 해결되지 않으면 안 되는가? 이 질문들은 고객의 생각을 평가하지 않는다. 대신 고객이 자신의 생각의 뿌리를 바라보게 만든다. 그래서 나는 이렇게 정리한다.

"Why 질문은 위험한 질문이 아니라, 의도를 잃었을 때 위험해지는 질문이다."

'왜' 질문이 중요한 이유는 심리적 차원에만 있지 않다. 뇌과학적으로 보아도 '왜' 질문은 행동 변화를 이끄는 핵심 질문이다. 사람이 생각은 많이 하지만 실행으로 옮기지 못하는 결정적 이유는 충분히 강한 자극을 받지 못했기 때문이라고 한다. 우리의 뇌에는 크게 두 영역이 있다. 논리적 사고, 분석, 계획을 담당하는 신피질과 감정, 욕구, 동기, 생존 본능을 담당하는 변연계로 이루어져 있다.

코칭에서 단순히 "어떻게 할 수 있을까요?", "어떤 방법이 있을까요?" 와 같은 질문만 반복하면, 고객은 주로 신피질 수준의 생각에 머문다. 그 순간에는 고개를 끄덕이고, 이해한 것처럼 느끼지만 세션이 끝나고 나면 실행되지 않는 경우가 많다. 생각이 행동으로 이어질 만큼 감정적 자극이 충분하지 않기 때문이다. 바로 이때 변연계를 자극하는 질문이 필요하다.

그 역할을 하는 질문이 바로 '왜' 질문이다.

왜 이것을 반드시 해내고 싶은가? 왜 지금 이 선택이 당신에게 중요한가? 이것이 이루어지지 않으면 무엇이 가장 아쉬울 것인가? 이 질문들은 고객의 감정, 가치, 욕구를 건드린다. 그리고 이 지점에서 비로소 실행의 에너지가 만들어진다.

'왜' 질문을 잘 쓰기 위해 가장 중요한 것은 기술이 아니다. 코치의 태도다. 지금 이 질문은 고객을 이해하기 위한 것인가? 아니면 나의 호기심을 채우기 위한 것인가? 이 질문이 고객을 더 깊이로 초대하고 있는가, 아니면 설명하게 만들고 있는가? 이 점검 없이 던져지는 '왜' 질문은 아무리 표현을 부드럽게 해도 불편함을 남긴다. 반대로, 고객의 세계에 진심으로 머물며 던지는 '왜' 질문은 고객에게 이런 메시지를 전달한다.

'당신의 생각에는 이유가 있고, 그 이유는 존중받을 가치가 있다.' '왜'라는 질문은 코칭에서 제거해야 할 위험 요소가 아니다. 오히려 정교하게 다듬어야 할 핵심 도구다. 문제는 '왜'가 아니라, 그 질문을 던지는 코치의 준비 상태와 의도다.

생각을 행동으로 옮기지 못하는 고객 앞에서, 변연계를 건드리지 못한 채 방법만 묻는 질문은 고객을 또다시 제자리로 돌려보낼 뿐이다. 코치는 묻지 말아야 할 질문을 피하는 사람이 아니라, 묻는 이유를 분명히 아는 사람이다. 그리고 그때, '왜'라는 질문은 더 이상 위험하지 않다. 오히려 고객의 삶을 움직이게 하는 가장 정직하고 강력한 질문이 된다.

A 코칭 현장에서 가장 자주, 그리고 가장 솔직하게 나오는 질문 중
하나가 있다. "고객이 이상한 주제를 가지고 왔는데, 이럴 때는
어떻게 해야 하나요?" 이 질문 속에는 코치들의 불안이 고스란
히 담겨 있다.

'이 주제로 코칭이 될까?', '내가 다룰 수 있는 영역일까?', '이번 세
션이 만족스럽지 않게 끝나면 내 역량이 부족해 보이지 않을까?'

그래서 많은 코치들이 자신의 코칭 성패를 고객이 가져온 주제
에 따라 판단한다. 코치가 익숙한 주제, 이전에 여러 번 다뤄봤
던 주제, 코칭 대화가 술술 풀리는 주제를 만났을 때는 '오늘 코
칭 잘했다'는 평가를 내린다. 반대로 처음 접하는 영역이거나, 복
잡하고 모호한 주제, 혹은 고객의 말이 단답형으로 끊기거나 지
나치게 장황할 경우에는 코칭이 잘 안 되었다고 느낀다. 문제는
그다음이다.

만족스러운 코칭은 코치의 실력 덕분이고, 만족스럽지 않은 코
칭은 고객 탓, 주제 탓으로 돌리는 순간, 코칭은 성찰의 기회를
잃는다. "이 고객은 준비가 안 되어 있어요.", "이 주제는 코칭에
적합하지 않아요."라는 말은 코치를 편하게 만들어주지만, 코칭
을 성장시키지는 않는다.

그래서 나는 "고객이 이상한 주제를 가지고 왔을 때 어떻게 해
야 하나요?"라는 질문을 받으면, 늘 다시 묻는다.

"코치님은 어떤 주제가 이상하지 않은 주제라고 생각하시나

요?" 이 질문 앞에서 대부분의 코치들은 잠시 머뭇거린다. 명확한 기준을 말하지 못한다. 바로 이 지점이 중요하다. 우리가 '이상하다'고 느끼는 주제는 실제로 이상한 것이 아니라, 코치가 익숙하지 않은 주제일 가능성이 훨씬 크기 때문이다. 결론부터 말하자면, 코칭에서 다뤄서는 안 될 주제는 없다. 고객이 이야기하고 싶어 하는 모든 주제는 코칭의 영역 안에 있다. 왜냐하면 코칭 대화의 주인공은 언제나 고객이기 때문이다.

코칭은 코치가 준비한 주제를 고객에게 맞추는 시간이 아니다. 고객이 지금 삶에서 붙들고 있는 것을 안전하게 꺼내놓고, 그것을 스스로 다룰 수 있도록 돕는 대화다. 주제가 사소해 보이든, 막연하든, 코치가 낯설게 느끼든, 그 주제가 고객의 입에서 나왔다는 사실 자체가 이미 코칭의 충분한 이유가 된다.

예를 들어보자.

코치가 "오늘 어떤 주제로 이야기 나누고 싶으신가요?"라고 물었을 때, 고객이 이렇게 말한다. "코치님께 진로에 대한 정확한 정보를 얻고 싶어요." 이 순간 많은 코치들의 머릿속에는 경고등이 켜진다.

'코칭은 정보를 주는 게 아닌데…'

'이건 상담이나 컨설팅에 가까운데…'

'이 주제로 어떻게 질문을 이어가지?'

그리고 일부 코치들은 이렇게 반응한다.

"코칭은 정보를 제공하거나 답을 알려주는 영역이 아닙니다. 고객님이 스스로 답을 찾도록 돕는 게 코칭이에요. 다른 주제로 이야기해 주시겠어요?"

이 장면은 얼핏 보면 코칭의 정의를 잘 알고 있는 것처럼 보인다. 그러나 실제로는 정반대다. 이 반응은 고객에게 "당신의 주제는 여기서 다뤄질 수 없다."라는 메시지를 주는 순간이며, 코치가 코칭의 주도권을 다시 가져오는 행동이다. 고객의 언어를 코치의 개념으로 교정하는 순간, 코칭 대화는 이미 균열이 생긴다.

고객이 "정보를 얻고 싶다."라고 말했을 때, 코치가 해야 할 일은 그 주제를 거부하는 것이 아니라, 그 말 뒤에 있는 고객의 필요를 탐색하는 것이다.

정확한 정보가 필요하다는 말은 무엇을 의미할까?

불확실성에 대한 불안일까?

결정을 앞두고 확신이 필요한 상태일까?

누군가에게 의지하고 싶은 마음일까?

코칭은 바로 이 지점에서 시작된다.

"정보를 얻고 싶다."라는 표현을 코칭에 부적합한 주제로 판단하는 순간, 코치는 고객의 세계를 닫아버린다. 반대로 그 표현을 고객의 현재 상태를 보여주는 입구로 바라보는 순간, 어떤 주제도 코칭이 될 수 있다.

여기서 중요한 구분이 있다.

코칭에서 중요한 것은 '주제가 무엇인가?'가 아니라, '그 주제를 어떻게 다루는가?'다. 주제가 코칭을 만드는 것이 아니라, 코칭의 방식이 주제를 코칭으로 만든다.

같은 진로 이야기라도 코치가 정보를 주려 하면 상담이나 컨설팅이 되고, 고객이 자신의 선택 기준과 두려움, 기대를 들여다보도록 돕는다면 코칭이 된다. 이 차이는 주제가 아니라 코치의 자리에서 발생한다.

고객이 단답형으로 대답하는 경우도 마찬가지다.

"잘 모르겠어요."

"그냥 그래요."

"생각 안 해봤어요."

이런 반응을 만났을 때 많은 코치들은 당황한다. 질문을 잘못 던졌나, 고객이 비협조적인가, 이 코칭은 안 되겠다고 판단한다. 그러나 단답형 응답은 코칭을 방해하는 요소가 아니라, 고객의 현재 인식 상태를 그대로 보여주는 데이터다. 말이 짧다는 것은 생각이 없다는 뜻이 아니라, 아직 언어화되지 않았다는 의미일 수 있다. 이때 필요한 것은 더 좋은 질문이 아니라, 더 많은 여백과 기다림이다.

반대로 고객이 지나치게 말을 많이 하는 경우도 있다. 이야기가 여기저기로 흘러가고, 핵심이 잡히지 않는 느낌을 준다. 이럴 때도 코치들은 '이 주제는 산만해서 코칭이 안 된다'고 판단한다. 그러나 이 역시 주제의 문제가 아니라 구조의 문제다. 코치는 이때 질문으로 제어하려 하기보다, 고객의 말 흐름을 정리해 비춰주는 역할을 할 수 있다. 고객이 무엇을 중요하게 반복하고 있는지, 어떤 지점에서 감정이 살아나는지를 함께 바라보는 순간, 산만함은 오히려 중요한 단서가 된다.

결국 "이상한 주제"라는 말은 코칭에는 존재하지 않는다.

존재하는 것은 코치에게 익숙한 주제와 익숙하지 않은 주제, 그리고 코치가 통제할 수 있다고 느끼는 대화와 그렇지 않은 대화뿐이다. 그리고 바로 그 불편함의 지점이 코치를 성장시키는 자리다. 현장에서 만나는 고객들의 질문은 교과서처럼 정리되어 있지 않다. 모호하고, 감정적이며, 때로는 코치를 시험하는 것처럼 느껴진다. 그러나 코칭은 바로 그런 현실의 언어 위에서 작동해야 한다. 고객의 주제를 정제해 달라고 요구하는 순간, 코칭은 현실과 멀어진다.

고객이 어떤 주제를 가져오든, 그 주제를 코칭의 언어로 다룰 책임은 코치에게 있다. 그 책임을 회피하지 않을 때, 코칭은 비로소 기술을 넘어 삶을 다루는 일이 된다.

Q 다양한 주제에 대해서 효과적인 접근 방법은?

A 현장에서 많은 코치들과 대화를 나누다 보면 반복해서 등장하는 질문이 있다.

"주제가 너무 어려운데, 어떻게 접근해야 할까요?" 이 질문은 초보 코치에게만 국한되지 않는다. 자격증을 준비하는 코치, 이미 현장에서 활동 중인 전문코치들까지도 주제 앞에서는 쉽게 긴장한다. 그만큼 주제는 코칭대화의 핵심이자, 동시에 가장 부담이 되는 영역이다.

코칭대화에서 주제는 고객이 가져온 이야기의 중심이다. 고객은 자신의 삶에서 가장 중요하거나, 가장 불편하거나, 가장 풀리지 않는 무언가를 들고 코치 앞에 앉는다. 그렇기 때문에 주제는 가볍지 않고, 단순하지도 않다. 오히려 너무 중요하기 때문에 코치를 어렵게 만든다.

주제는 정말 중요하기 때문에 코치가 주제를 듣는 순간 거의 무의식적으로 판단을 시작한다.

'아, 이건 내가 익숙한 주제네.'

'이건 내가 잘 모르는 영역인데…'

'이건 좀 코칭에서 다루기 힘든 주제 같은데…' 이 판단의 기준은 대부분 주제 자체가 아니라, 코치 자신의 익숙함이다. 내가 경험해 본 영역인가, 공부해 본 주제인가, 혹은 내가 해결해 줄 수 있을 것 같은 영역인가에 따라 주제를 '다루기 쉬운 것'과 '다루기 어려운 것'으로 나눈다.

이 지점에서 코치는 흔히 중요한 착각에 빠진다.

‘나는 이 주제를 잘 다뤄야 한다.’는 생각이다. 그리고 그 말 속에는 종종 이런 전제가 숨어 있다. ‘나는 이 문제를 해결해 주어야 한다.’ 그러나 코치는 고객의 문제를 해결해 주는 사람이 아니다. 코치는 이슈를 해결하는 사람이 아니라, 이슈를 가진 사람과 동행하는 사람이다. 이 관점이 분명해지는 순간, 주제는 훨씬 가벼워진다.

어떤 주제를 가져왔는지가 중요한 것이 아니라, 그 주제를 들고 온 ‘사람’을 만난다는 마음으로 코칭을 시작하면 된다.

그럼에도 불구하고, 코치는 코칭대화를 진행하는 전문가이기 때문에 주제에는 전략이 필요하다.

“주제를 가볍게 생각하라”는 말이, 아무 준비 없이 임하라는 뜻은 아니다. 오히려 코치에게는 주제를 다루기 위한 명확한 기준과 전략이 필요하다.

수많은 고객을 만나며 느낀 점은,

주제는 겉으로 보면 매우 다양해 보이지만, 조금만 거리를 두고 바라보면 비슷한 유형끼리 묶을 수 있다는 것이다.

주제를 큰 범주로 분류할 수 있으면, 코치는 더 이상 ‘이 주제를 어떻게 다뤄야 하지?’라는 막막함에 빠지지 않는다.

대신 ‘아, 이 유형이구나’라는 인식 속에서 안정적으로 대화를 이끌 수 있다.

현장에서 자주 만나는 주제는 크게 다음과 같은 범주로 나눌 수 있다.

관계에 대한 이슈.

선택에 대한 이슈.

심리적 불안감과 감정 이슈.

무엇을 이루고 싶은 욕구의 이슈.

잘 안되는 것에 대한 고민.

코칭대화 초반, 고객의 이야기를 들으며

이 주제가 어느 범주에 속하는지 빠르게 가늠하는 것이 중요

하다.

이 분류는 고객에게 말해주기 위한 것이 아니라,

코치 스스로의 내적 기준점이 된다.

1. 관계 이슈: 상황과 관점을 오가게 하라.

　　관계 이슈는 매우 흔하다. 상사, 동료, 배우자, 부모, 자녀, 친구까지 다양하다. 다양한 이야기를 들으면서 '관계 이슈'로 분류하는 작업이 필요한 것이다.

　　관계 이슈에서 중요한 것은 사람 자체가 아니라, '상황'이다. '최근 어떤 상황이 있었는지?', '그 상황에서 무엇이 가장 불편했는지?', '반복되는 패턴은 무엇인지?' 이렇게 상황을 중심으로 탐색하면, 막연한 불만이 구체적인 경험으로 드러난다. 그리고 관계 이슈에서 가장 중요한 코치의 역할은 상대방의 관점을 경험해 보게 하는 장을 여는 것이다. 모든 사람은 자신의 관점에서 세상을 해석한다. 코치는 그것을 부정하지 않고 충분히 수용한 뒤, 적절한 타이밍에 질문한다. "그 상황에서 상대방의 입장에서 본다면 어떤 장면이 보일까요?" 이 질문은 관계를 바꾸기보다, 고객의 관점을 확장시키는 힘을 가진다.

2. 선택 이슈: 하나의 답을 찾지 말고, 구조를 보게 하라.

선택의 이슈는 진로, 이직, 관계, 결정의 순간에서 자주 등장한다. 이때 코치가 해서는 안 되는 것은 '어느 쪽이 더 좋아 보인다.'라는 암묵적 개입이다. 선택 이슈에서는 4분면 사고가 매우 효과적이다.

A를 선택했을 때의 유익함.

B를 선택했을 때의 유익함.

A를 선택했을 때 B의 관점에서 아쉬운 점.

B를 선택했을 때 A의 관점에서 아쉬운 점.

이 과정을 통해 고객은 선택을 '감정'이 아니라, 구조와 관점의 문제로 바라보게 된다. 또한 '두 마음 대화법'처럼 내 안의 서로 다른 목소리를 분리해 대화하게 하는 방식도 선택 이슈에서 매우 유용하다.

3. 심리적 불안감 이슈: 통제의 경계를 명확히 하라.

불안, 두려움, 감정 기복과 같은 심리적 이슈를 만나면 코치는 해결하려 들기보다 이해의 구조를 함께 만든다는 태도가 필요하다. '이런 감정은 언제부터 시작되었는지?', '그 전에는 어땠는지?', '무엇이 달라졌는지?' 이 질문들은 감정의 시작점을 찾게 한다. 이후 중요한 전환점은 통제 가능한 영역과 통제 불가능한 영역을 구분하는 것이다. 사람들은 종종 통제할 수 없는 것에 집착한다. 그러나 '아, 이건 내가 통제할 수 없는 영역이구나!'라는 인식만으로도 마음의 무게는 크게 달라진다.

4. 무엇을 이루고 싶은 이슈: 목적과 성찰을 연결하라.

자격증, 커리어, 목표 달성에 관한 주제는 매우 빈번하다.

이때 코치의 핵심 질문은 단순하다. "왜 이것을 이루고 싶으신가요?" 목표를 묻는 것이 아니라, 목적의식을 묻는 질문이다. 그다음 단계는 지금까지 어떤 시도를 해왔는지를 탐색하는 것이다. 이 과정에서 자연스럽게 성찰이 일어난다. 성찰이 있어야 변화가 일어나고, 변화가 있어야 성장이 가능하다.

5. 잘 안되는 것에 대한 고민: 실체를 분리하라

"왜 이렇게 안될까요?"라는 질문 뒤에는 대개 막연한 좌절이 숨어 있다. 이때는 잘 안되는 것의 실체를 구체화하고, 그 뒤에 숨겨진 욕구를 분리해서 다루는 것이 중요하다. '무엇이 안되게 하는 건지?', '어디에서 막히는지?', '그럼에도 불구하고 무엇을 원하고 있는지?' 이 분리가 이루어질 때, 주제는 깊이를 갖게 된다.

주제는 코칭대화의 방향성을 정하는 출발점이다. 주제를 잘 다룬다는 것은 모든 주제를 잘 아는 것이 아니라, 어떤 주제 앞에서도 길을 잃지 않는 기준을 갖는 것이다. 주제의 유형별 접근 전략이 코치의 몸에 체화될 때, 코치는 어떤 고객 앞에서도 유연해질 수 있다. 그리고 그 유연함 속에서 진짜 코칭은 시작된다.

A 현장에서 코치들과 이야기를 나누다 보면 자주 듣게 되는 질문이 있다. "말이 너무 많은 고객을 만나면 어떻게 해야 하나요?" 이 질문을 받을 때마다 나는 잠시 멈칫하게 된다.

난감해서이기도 하고, 동시에 그 질문 자체가 조금 낯설게 느껴지기 때문이다. 솔직히 말하면, 말 많은 고객이 왜 문제가 되는지 잘 이해되지 않을 때가 많다. 고객이 코칭 현장에서 말을 많이 한다는 것은 어찌 보면 너무도 자연스러운 일이다. 고객은 자신의 삶을 들고 코치 앞에 앉는다.

그동안 쌓아 두었던 이야기, 쉽게 꺼내지 못했던 마음속 이야기, 정리되지 않은 생각과 감정들이 한꺼번에 쏟아져 나올 수밖에 없다. 더 나아가, 고객이 말을 많이 한다는 것은 그만큼 코치를 편안한 존재로 느끼고 있다는 신호이기도 하다 안전하다고 느끼지 못하는 공간에서는 사람은 말을 아낀다. 그러나 신뢰가 생기면 이야기는 길어진다.

그 과정 속에서 비로소 표면 아래에 있던 진짜 이야기가 모습을 드러낸다. 그런 의미에서 보면, 말 많은 고객은 오히려 코칭이 잘 작동하고 있다는 증거일 수도 있다.

그럼에도 불구하고 많은 코치들이 이 상황을 '문제'로 인식하며 고민하게 되는 데에는 분명한 이유가 있다. 코치들이 말 많은 고객 앞에서 불편함을 느끼는 이유는 대개 고객 때문이 아니라 코치 자신의 상황 때문이다.

첫 번째는 시험이라는 특수한 상황이다. 특히 코치 자격증 시험을 준비하는 코치들에게는 '시간 안에 세션을 완결해야 한다.' 라는 부담이 훨씬 크게 다가온다. 주제 탐색, 목표 합의, 대안 탐색, 실행 계획까지 모든 흐름을 제한된 시간 안에 보여주어야 하기 때문이다. 이 두 가지가 겹치면, 고객의 말이 길어질수록 코치는 마음속으로 초조해진다.

'이러다 끝까지 못 가면 어떡하지?'

'지금 끊어야 하나?'

'이 이야기가 중요한 이야기일까?'

그리고 이 순간, 코치는 고객의 이야기를 경청의 대상이 아니라 관리의 대상으로 보기 시작한다. 먼저 짚고 가야 할 관점 하나 이 질문에 답하기 전에, 가장 먼저 짚고 가야 할 중요한 관점이 있다. 말 많은 고객을 '대처해야 할 대상'으로 보지 않는 것이다. 고객은 잘못하고 있지 않다.

두 번째는 시간의 제한성이다. 코칭은 무한정 이어질 수 있는 대화가 아니다. 대부분의 코칭은 50분~1시간이라는 명확한 시간 안에서 진행된다. 주어진 시간 안에 시작과 마무리를 해야 한다는 압박은 코치의 마음을 서서히 조급하게 만든다.

코칭 현장에서 말을 많이 하는 것은 문제 행동이 아니다.

따라서 코치의 초점은, '어떻게 말을 줄이게 할 것인가?'가 아니라 '이 상황에서 코치로서 나는 무엇을 선택할 것인가?'에 맞춰져야 한다. 이 관점이 서지 않으면, 아무리 기술적인 방법을 사용해도 코칭은 어색해진다.

앞에서 언급한 두 가지 상황에 대해서 좀 더 알아보자.

상황 1. 코치 자격증 시험에서 말 많은 고객을 만났을 때.

시험 상황에서는 분명히 전략적인 접근이 필요하다. 시험은 실제 코칭과 다르게, 시간 안에 전체 구조를 보여주어야 하는 평가 상황이기 때문이다.

이때 중요한 것은 모든 것을 다 하려 하지 않는 것이다. 코치는 스스로에게 질문해야 한다.

'지금 이 세션에서 반드시 보여주어야 할 우선순위는 무엇인가?' 시험 상황에서는 맥락을 완전히 따라가려다 보면 흐름을 놓칠 수 있다. 따라서 코치는 맥락을 해치지 않는 선에서의 점핑, 즉 일부 생략을 선택할 필요가 있다. 이때 유용한 방법 중 하나는 고객에게 현재 상황을 부드럽고 정중하게 공유하는 것이다.

예를 들면 다음과 같은 방식이다.

"고객님께서 정말 하고 싶은 이야기가 많으신 것 같습니다. 시간만 허락된다면 더 충분히 듣고 싶은 마음이 큽니다. 다만 주어진 시간이 짧아서, 제가 지금 한 가지 질문을 드려도 될까요?" 이 말 속에는 고객의 이야기를 존중하는 태도, 현재 시간에 대한 안내, 코치에게 발언권을 넘겨달라는 요청. 이 세 가지가 모두 담겨 있다.

이후에는 지금까지의 이야기를 압축한 질문으로 점핑하는 것이 중요하다.

상황 2. 실제 코칭 현장에서 말 많은 고객을 만났을 때.

시험이 아닌 실제 코칭 상황에서는 접근 방식이 완전히 달라질 수 있다. 이때 가장 중요한 것은 '코칭 시작 전에 시간을 어떻게 설계했는가?'이다. 만약 1시간짜리 코칭을 하기로 해놓고 그 직후에 다른 일정이 잡혀 있다면, 코치는 무의식적으로 시간을 신경 쓰게 된다. 이 초조함은 경청을 방해한다. 가능하다면 코칭 세션 전후로 여유 시간을 확보하는 것이 중요하다. 이 여유는 단순히 시간을 늘리는 문제가 아니라, 코치의 마음을 열어두는 문제이기도 하다.

실제 코칭 현장에서는 고객의 말의 흐름, 의식의 흐름에 충분히 머물러 주는 것이 필요하다. 말이 길어지는 과정 속에서 고객 스스로도 자신의 이야기를 정리하게 되고, 어느 순간 핵심이 자연스럽게 떠오르는 경우도 많다.

이때 코치는 말을 끊기보다, 정리해 주고, 비춰 주고, 질문으로 연결하는 역할을 한다.

예를 들어,

"지금까지 말씀해 주신 내용을 들어보면, 이 부분과 이 부분이 특히 중요하게 느껴집니다." 이런 반영은 고객의 말을 줄이기 위한 것이 아니라, 고객이 자신의 이야기를 한 단계 위에서 바라보게 돕는 과정이다. 말 많은 고객을 만났을 때, 코치가 가져야 할 태도를 정리해 보면, 말 많은 고객을 만났을 때 가장 중요한 것은 기술이 아니라 태도이다. 고객의 말 많음을 문제로 규정하지 않는 태도, 시간의 압박 속에서도 중심을 잃지 않으려는 태도, 상황에 따라 전략을 달리 선택할 수 있는 유연함의 태도가 중요하다.

코치는 고객의 말을 관리하는 사람이 아니다. 코치는 고객의 이야기 속에서 길을 찾는 동행자다. 말 많은 고객은 코치를 시험하는 존재가 아니라, 코치에게 경청의 본질을 다시 묻게 하는 존재일지도 모른다. 이 질문 앞에서 코치가 조금 더 느긋해질 수 있다면, 코칭은 훨씬 깊어질 수 있다.

A "목표가 합의된 이후에는 어떻게 진행해야 하나요?" 이 질문은 현장에서 코치들에게 가장 자주 던져지는 질문 중 하나다. 특히 코치 자격증 시험을 준비하는 코치들이 이 지점에서 가장 많이 길을 잃는다. 목표는 분명히 합의되었는데, 그 이후의 대화가 막막해지는 것이다. 그래서 많은 코치들이 익숙한 흐름으로 돌아간다. (목표 → 방법 → 실행), (목표 → 현실점검 → 대안 → 실행)

GROW 대화모델의 전형적인 구조다.

이 흐름 자체가 틀렸다고 말할 수는 없다. 문제는 목표합의 이후에도 여전히 '주제를 다루듯' 코칭이 진행된다는 점이다.

목표가 합의되는 순간, 코치에게는 무언의 미션이 생긴다. '이 목표를 어떻게든 이루게 도와줘야 한다.' 그래서 코치의 시선은 자연스럽게 방법으로 쏠린다. '무엇을 해야 할까?', '어떻게 하면 될까?', '지금 상태는 어떤가?,' '어떤 대안이 가장 효과적일까?' 이 순간부터 코치는 바빠지고, 코칭은 점점 문제 해결 중심의 대화로 변질되기 쉽다. 많은 코치들이 '목표에 가까워질수록 목표는 더 중요해져야 하고 목표를 이루도록 도움을 줘야 한다.'라고 생각한다. 그러나 실제 코칭에서는 정반대의 일이 일어난다.

목표는 점점 작아져야 하고, 그 대신 목표 너머의 '사람'은 점점 더 선명해져야 한다. 코칭에서 목표는 주인공이 아니다. 코칭에서 주인공은 고객이다. 목표는 도구일 뿐이다. 예를 들어보면,

고객: "좋은 남편이 되는 방법을 찾고 싶어요."

이 목표에만 머무르면 코칭은 이렇게 흘러간다. '어떻게 하면

좋은 남편이 될 수 있을까?', '무엇을 더 해야 할까?', '어떤 노력이 필요할까?' 결국 코칭은 '좋은 남편 되기 프로젝트'로 끝난다.

목표는 달성될 수도 있다. 하지만 삶은 오히려 좁아진다. 이 지점에서 코칭의 방향을 바꾸는 질문은 이것이다.

"좋은 남편이 되면, 당신은 결국 어떤 사람이 되는 건가요?"

이 질문이 던져지는 순간, 초점은 목표에서 고객의 존재로 이동한다. 목표 이후, 코칭의 초점은 '존재'로 이동해야 한다.

다른 사례도 마찬가지다.

고객: "시간 관리를 잘하는 방법을 찾고 싶어요."

이 목표를 계속 붙잡고 있으면 코칭은 시간관리 기법, 도구, 루틴 이야기로 흘러간다. 그러나 코치는 이렇게 물어야 한다.

"시간 관리를 잘하면, 결국 어떤 삶을 살게 될까요?", "정리된 삶을 통해 궁극적으로 어떤 노후, 어떤 일상을 원하는 걸까요?"

목표는 고객의 삶 전체에서 보면 이 세션 안에 잠시 머무는 작은 도구에 불과하다. 삶의 주인공은 언제나 고객 자신이다.

그렇다면 목표합의 이후, 코치는 무엇을 해야 할까?

첫 단계는 목표를 단단히 고정하는 것이다. "고객님께서 지금 말씀하신 목표가 이것이 맞나요?" 이렇게 목표를 재확인하고, 옆에 '딱' 고정시켜 둔다. 그리고 곧바로 대안으로 들어가지 않는다.

대신 이렇게 묻는다.

"이 목표를 왜 이루고 싶으신가요?"

"이 목표는 고객님께 어떤 의미가 있나요?"

이 질문은 존재를 바로 묻는 질문이 아니다.

의미를 통해 자연스럽게 확장으로 나아가기 위한 입구다.

의미가 드러나면, 코치는 아주 작은 일상의 변화를 다룬다.

"이 목표가 이루어지면 일상에는 어떤 변화가 있을까요?"

"지금보다 달라질 아주 작은 장면이 있다면요?" 고객의 말 속에서 의미 있는 키워드가 나오면 그것을 살짝 붙잡고 다시 확장한다.

"하고 싶은 일에 더 집중할 수 있을 것 같아요."

→ "그 하고 싶은 일은 어떤 건가요?"

→ "그 모습이 지속되면 삶에는 어떤 영향이 있을까요?"

→ "그 영향이 더 커지면 고객님은 결국 어떤 사람이 되어 있을까요?"

이때 중요한 원칙이 있다.

주제를 다루듯 깊이 파고들지 않는 것이다. 목표 이후 코칭의 핵심 흐름은 (확장 → 잠깐 확인 → 다시 확장) 이 리듬이다.

겉으로 보면 목표에서 멀어지는 것처럼 보이지만 실제로는 목표의 본질로 더 가까워지는 과정이다.

이슈에 붙잡히면 삶은 목표 달성을 위한 삶이 된다. 코칭대화는 단조롭고, 편향되고, 답을 찾는 대화가 된다. 그러나 목표를 옆에 두고 사람을 바라보기 시작하면 고객은 이렇게 깨닫는다.

"아, 내가 이 목표를 가져온 이유는 결국 행복한 삶을 살고 싶어서였구나." 행복은 추상적이지만 각자가 추구하는 행복은 다르다. 기여하는 삶, 균형 잡힌 삶, 떳떳한 삶, 나다운 삶 등 이 지점이 선명해질 때 비로소 통찰이 일어난다.

충분한 확장을 통해 고객이 정말 원하는 삶의 키워드가 등장하면 이제는 그 키워드를 붙잡고 탐색에 들어간다. "기여하는 삶이란 고객님께 어떤 삶인가요?", "균형 잡힌 삶을 조금 더 구체적으로 말씀해주시겠어요?", "고객님이 말하는 나다운 삶의 의미는 무엇인가요?" 이렇게 탐색을 통해 그 모습은 더욱 선명해지고 고객 스스로의 통찰이 깊어진다. 이때 코치는 통찰 질문으로 마침표를 찍는다. "지금 말씀하시면서 새롭게 느끼거나 깨달은 것은 무엇인가요?" 고객의 알아차림을 충분히 존중하고 축하한 뒤,

"지금 이 알아차림을 가지고 다시 목표를 바라보면 오늘의 목표가 어떻게 느껴지시나요?" 많은 고객이 이렇게 말한다.

"생각보다 작게 느껴져요.", "이제는 충분히 할 수 있을 것 같아요.", "이걸 해야 제가 원하는 삶으로 갈 수 있겠네요."

그다음에 목표에 대한 새로운 알아차림을 기반으로 비로소 대안으로 넘어간다. 목표를 이루기 위한 방법은 '대안'이라는 영역에서 그때 다루면 된다.

주제 영역에서는 경청의 깊이가 깊어질수록 성찰이 일어난다.

목표 이후 영역에서는 확장의 넓이가 커질수록 통찰이 일어난다. 목표합의 이후의 코칭은 목표를 이루게 만드는 기술이 아니다. 목표를 통해 사람을 만나러 가는 여정이다. 고객은 처음 코치를 만났을 때 문제와 고민을 들고 온다. 해결보다도, 자신의 이야기를 들어줄 누군가를 찾는다. 그리고 코칭을 통해 예상하지 못했던 목표를 세우게 되고, 더 나아가 목표보다 더 큰 자신이 정말 원하는 삶을 바라보게 된다. 이것이 코칭의 힘이다. 그래서 코치는 고객의 목표에 머무르지 않고 그 목표를 뛰어넘는 확장으로 삶 전체를 바라보게 해야 한다. 그때 코치는 목표를 다루는 사람이 아니라 인생을 동행하는 사람이 된다.

A 코칭 현장에서 가장 자주 마주하는 장면 중 하나는 바로 고객은 자신의 문제를 정확히 알고 있고 왜 필요한지도 알고, 하지 않았을 때의 결과도 알고 있다. 심지어 해결 방법까지 어느 정도는 이미 알고 있다. 그럼에도 불구하고 실행은 일어나지 않는다.

"알긴 아는데요…"

"머리로는 다 아는데 몸이 안 따라줘요."

"이번에도 또 작심삼일로 끝날 것 같아요."

이 지점에서 많은 코치들이 답답함을 느낀다. 이미 다 알고 있는데 왜 안 하는 걸까? 이 정도 인식이면 당연히 움직여야 하는 것 아닌가? 하지만 바로 이 생각이 코치가 가장 먼저 내려놓아야 할 전제다.

만약 사람이 문제를 인식하고, 필요성을 이해하고, 해결책까지 알면 자연스럽게 실행에 옮긴다면 코칭은 애초에 필요하지 않았을 것이다. 코칭이 존재한다는 사실 자체가 '아는 것'과 '하는 것' 사이에는 깊은 간극이 존재한다는 증거다.

대부분의 고객은 무지해서 멈춰 있는 것이 아니다. 오히려 너무 잘 알고 있기 때문에 자책하고, 미루고, 다시 원점으로 돌아온다. 이것은 고객 개인의 나약함이 아니라 인간의 보편적인 속성에 가깝다. 인간은 본능적으로 편안함을 유지하려 하고 익숙한 패턴을 반복하려 하며 에너지가 소모되는 변화를 귀찮아한다. 그래서 '해야 한다'는 인식만으로는 좀처럼 실행이 일어나지 않는다.

고객의 실행이 반복적으로 좌절될 때 코치는 종종 이런 태도를 취한다. 왜 안 되는지 함께 분석하려고 한다. 실행이 막히는 원인을 끝없이 파고든다. 해결되지 않는 지점을 붙잡고 계속 머문다. 겉으로 보기에는 고객과 함께 고민하는 것처럼 보이지만, 실제로는 물에 빠진 고객을 살리기 위해 코치까지 같이 물속에 들어가 허우적대는 모습과 다르지 않다.

해결되지 않는 지점을 계속 붙잡는다고 해서 실행 에너지가 생기지는 않는다. 오히려 고객은 '역시 나는 안 되는 사람인가 보다'라는 무력감만 더 깊어질 수 있다. 이때 코치에게 필요한 것은 문제를 더 잘 이해하는 것이 아니라 문제를 바라보는 각도를 바꾸는 개입이다.

많은 사람들이 실행이 안 되는 이유를 의지 부족, 동기 부족이라고 말한다. 하지만 실제로는 동기가 없는 경우보다 동기가 한쪽으로만 쏠려 있는 경우가 훨씬 많다. 고객의 내면에서는 늘 두 가지 힘이 동시에 작동한다. 실행했을 때 얻을 수 있는 이익과 실행하지 않았을 때 유지되는 이익이 존재하는데 첫 번째 힘만 바라본다는 점이다. "이걸 하면 좋아질 거예요.", "이건 꼭 필요해요." 하지만 실행을 가로막고 있는 것은 두 번째 힘이다. 하지 않음으로써 얻는 유익함이다.

코치에게는 '하지 않음의 유익함'을 다루는 용기가 필요하다. 코칭에서 매우 강력하지만 동시에 많은 코치들이 불편해하는 접근이 있다. 바로 "하지 않아도 괜찮은 이유는 어떤 점이 있을까요?"를 묻는 것이다. 이 질문은 얼핏 들으면 변화를 포기하게 만드는 질문처럼 느껴진다. 하지만 실제로는 그 반대다.

이 질문은 고객의 내면에서 보이지 않게 작동하던 저항을 의식의 수면 위로 끌어올린다. 가령 다이어트의 예를 들어보자.

다이어트를 해야 한다는 것을 수없이 알고 있으면서도 전혀 실행하지 못하는 고객이 있다. 보통 코치는 이렇게 묻는다.

"왜 다이어트를 해야 한다고 생각하세요?", "목표 체중이 되면 뭐가 달라질까요?" 하지만 이 질문은 이미 고객이 너무 잘 알고 있는 영역이다. 이때 방향을 바꿔 이렇게 질문해볼 수 있다. "다이어트를 하지 않고 그냥 지금처럼 지내는 측면에서는 어떤 유익함이 있으신가요?" 이 질문을 받은 고객은 잠시 멈춰 서게 된다.

스트레스를 안 받아도 된다.

먹는 즐거움을 포기하지 않아도 된다.

실패에 대한 좌절을 겪지 않아도 된다.

이 순간 고객은 자신이 왜 움직이지 않았는지를 비난이 아닌 이해의 관점에서 바라보게 된다. 그리고 바로 이 지점에서 두 가지 변화 중 하나가 일어난다.

첫 번째 가능성은 고객이 이렇게 말하는 것이다. "이렇게 생각해보니 지금 당장은 안 해도 괜찮을 것 같아요." 이 선택 역시 존중받아야 한다. 고객은 다이어트라는 골칫거리에서 잠시 자유로워진다. 두 번째 가능성은 전혀 다른 방향으로 나타난다. "그 유익함보다도 이 문제를 계속 안고 가는 게 더 힘들 것 같아요." 이 순간 고객의 내면에서는 단순한 '해야 한다'가 아니라 '이제는 정말 바꾸고 싶다'는 변곡점이 생긴다. 실행은 이 지점에서 비로소 가능해진다.

코치의 역할은 끌어당기는 것이 아니라 비추는 것이다. 실행이 안 되는 고객을 억지로 밀어붙이거나 더 강한 동기를 주입하려는 순간 코칭은 설득이 되고 코치가 원하는 방향으로 유도하게 된다. 코치의 역할은 고객을 끌어당기는 사람이 아니라 고객의 내면에 이미 존재하는 상반된 힘을 있는 그대로 비추는 사람이다. 하고 싶은 마음과 안 하고 싶은 마음 그 둘을 동시에 테이블 위에 올려놓을 때 고객은 스스로 선택할 수 있게 된다. 그리고 그 선택이 실행으로 이어질 가능성은 그 어떤 조언보다도 강력하다.

실행이 안 되는 고객에게 더 많은 이유를 설명할 필요는 없다. 이미 충분히 알고 있기 때문이다. 대신 코치는 이렇게 질문할 수 있어야 한다. "하지 않음으로써 지키고 있는 것은 무엇인가요?", "이 상태를 계속 유지하는 데에는 어떤 편안함이 있나요?", "그 유익함과 바뀌었을 때의 삶을 비교해보면 어떠신가요?" 실행은 새로운 힘을 더할 때 생기기보다 기존에 붙잡고 있던 것을 내려놓을 때 시작된다. 그 지점을 함께 바라보는 것, 그것이 바로 실행이 멈춘 고객 앞에서 코치가 할 수 있는 가장 깊은 개입이다.

A "코치라는 직업, 정말 비전이 있나요?" 이 질문을 받을 때마다 나는 잠시 말을 잃는다. 특히 코칭에 관심이 생겨 자격증을 준비하려는 예비코치들로부터 이 질문을 받을 때면, 나는 유독 더 조심스러워진다. 사실 이 질문 앞에서 나는 자신 있게 "그렇다"고 말하지 못한다. 그렇다고 "없다"고 단정할 수도 없다. 그래서 나는 솔직하게 이렇게 대답한다.

"그 비전이 무엇인지는, 나도 아직 잘 모르겠습니다."

누군가에게 "비전이 있다"고 말하는 순간, 그 말에는 책임이 따라온다. 그 말을 믿고 시간과 돈을 투자하고, 인생의 방향을 일부라도 걸어가는 사람이 생기기 때문이다. 나는 그 질문에 대해 윤리적으로 자유롭지 못하다. 괜히 희망 고문을 하는 건 아닐지, 아직 검증되지 않은 미래를 마치 확정된 길처럼 말하고 있는 건 아닐지, 의도치 않게 가스라이팅을 하고 있는 건 아닐지, 스스로에게 계속 묻게 된다.

그래서 나는 코치라는 직업이 비전이 있다고 단정하지 않는다. 대신 코칭을 둘러싼 '현상'에 대해 이야기해 준다. 한국코치협회에서 주관하는 코치자격증은 법적으로는 '민간자격증'이다. 그럼에도 불구하고 코치자격증에 도전하는 사람의 수는 줄어들지 않는다. 오히려 해마다 늘어나고 있다. 실기시험이 열릴 때마다 응시자는 계속 증가하고 있고, 코칭을 체계적으로 공부하기 위해 대학원 석사·박사 과정에 진학하는 사람들도 늘고 있다.

최근에는 코칭 관련 학과를 개설하는 대학도 조금씩 증가하는 추세다. 이 현상을 단순히 '유행'이라고 치부하기에는 시간의 누적이 꽤 길다. 그렇다면 질문은 이렇게 바뀐다.

'이 현상을 우리는 어떻게 해석해야 하는가?' 많은 사람들이 비전을 이야기할 때 직업 자체가 무엇을 보장해 줄 수 있는지를 묻는다. "안정적인 수입이 가능한가요?", "전업으로 먹고 살 수 있나요?", "사회적으로 인정받고 있나요?"

이 기준으로만 보면 코치라는 직업은 쉽게 "비전 있습니다." 라고 말하기 어려운 직업이다. 하지만 코칭을 오래 해 온 사람들은 어느 순간 질문의 방향이 바뀐다. '나는 어떤 방식으로 사람과 만나고 싶은가?', '나는 어떤 대화를 직업으로 삼고 싶은가?'

코칭은 직업이 비전을 보장해 주는 구조라기보다는 그 직업을 선택한 사람이 자신의 비전을 끊임없이 만들어가야 하는 영역에 가깝다. 그래서 코치라는 직업은 누군가에게는 아무런 비전이 없고, 또 다른 누군가에게는 대체 불가능한 삶의 방식이 되기도 한다.

나는 이 책을 마무리하는 시점에서 조심스럽지만 분명한 마음으로 한국코치협회 관계자분들께 코치의 한 사람으로서 작은 목소리를 내고 싶다. '일자리 창출'이라는 슬로건은 분명 중요하다. 하지만 그보다 선행되어야 할 과제가 있다. 바로 코칭이 무엇인지, 코칭이 어떤 도움을 줄 수 있는지, 코칭이 왜 필요한지를 대한민국 국민 다수가 알 수 있도록 알리는 일이다.

미국에서는 자살률을 줄이기 위해 'QPR(Question, Persuade, Refer)'이라는 자살사고 예방 프로그램을 국가 차원에서 추진했다. 그 핵심은 '게이트키퍼'를 소수 양성하는 것이 아니라 미국 국민의 약 25%를 '게이트키퍼'로 양성하는 것이었다. 25%라는 숫자의 의미는 한 가정에 한 사람이다.

누군가 위기에 놓였을 때 가장 먼저 알아차리고, 질문하고, 연결할 수 있는 사람이 가정과 사회 곳곳에 존재하도록 만든 것이다. 이 접근은 코칭에도 많은 시사점을 준다. 코칭의 확산이 먼저다. 일자리 창출을 이야기하기 전에 우리는 먼저 물어야 한다.

과연 코칭을 필요로 하는 사람이 얼마나 되는가?

그 사람들은 코칭이라는 선택지를 알고 있는가?

코칭을 받을 수 있는 접근성은 충분한가?

일자리는 누군가의 실적을 위한 숫자가 아니라 실제로 도움이 필요한 사람과 도움을 제공할 수 있는 사람이 만나는 과정에서 자연스럽게 생겨야 한다. 코칭을 널리 알리는 일은 결국 대다수의 많은 코치에게 기회와 혜택이 돌아가는 구조를 만든다.

그래서 코치라는 직업은 비전이 있는가? 이 질문에 대해 나는 여전히 조심스럽다. 그래서 이렇게 말하고 싶다. 코치라는 직업은 비전이 '보장된' 직업은 아니다. 하지만 자신이 어떤 사람으로 살고 싶은지, 어떤 방식으로 사람을 만나고 싶은지, 어떤 대화를 세상에 남기고 싶은지에 대해 끊임없이 질문하는 사람에게는 충분히 의미 있는 길이 될 수 있다.

그 비전은 누군가가 대신 정해줄 수 없고, 산업이 보장해 줄 수도 없다. 그래서 나는 이 질문의 정답을 제시하지 않으려 한다. 대신 이 책을 덮는 시점에서 독자 스스로에게 이 질문을 다시 건네고 싶다. '나에게 코칭은 직업인가? 도구인가? 삶의 태도인가?' 그 질문에 대한 답이 곧 당신에게 코치라는 직업이 비전이 될지 아닐지를 결정하게 될 것이다.

고민의 흔적을 남기며…

이 책을 쓰기 시작하기 전, 나는 꽤 오랜 시간 망설였다.

원고를 열어놓고도 한 줄을 쓰지 못한 채 노트북을 덮은 날이 더 많았다. 그 망설임의 중심에는 늘 같은 질문이 있었다.

내가 하고 있는 생각은 과연 옳은가?

내가 쓰는 이 글이 누군가의 생각을 넓혀주기는커녕, 오히려 좁히고 가두는 것은 아닐까? 코칭을 오래 할수록, 그리고 많은 코치들을 만날수록 나는 확신보다 의심이 더 많아졌다. 확신에 찬 말보다 조심스러운 말이 늘어났고, 단정적인 표현보다 여백이 많은 언어를 쓰게 되었다. 그래서 책을 쓴다는 일은 내게 용기가 필요한 일이었다.

'정답처럼 읽히지 않을까', '나의 언어가 또 하나의 기준이 되지는 않을까' 하는 두려움이 계속해서 나를 붙잡았다. 그럼에도 불구하고 집필을 시작하게 된 계기는 아주 사소한 사건이었다. 몇 분 되지 않는 소수의 코치분들께 코칭에 대해 알리는 자리였다. 강의가 끝난 후 한 코치님이 조심스럽게 다가와 이렇게 말했다.

"코치님의 말에는 고민의 흔적이 느껴집니다. 끊임없이 본질과 실체를 다루려는 모습이, 제가 그동안 찾아 헤매던 코칭입니다." 그 말은 칭찬처럼 들리지 않았다. 오히려 내 안에 오래 쌓여 있던 질문과 불안을 조용히 알아봐 준 것 같았다.

나는 그날 집으로 돌아오는 길 내내 그 말을 곱씹었다. 그리고 처음으로 이런 생각이 들었다.

'아, 완성된 답이 아니라 고민의 흔적이라면 나눠도 되겠구나.' 나는 누군가를 가르칠 만큼 대단한 사람이 아니다.

경기도의 작은 도시에서, 소박하게 생활하며 하루하루 코칭을 이어가고 있는 그저 그런 코치 중 한 사람이다. 이 책을 통해 영향력을 갖고 싶다는 욕심도, 누군가의 생각을 이끌고 싶다는 야심도 애초에 없었다. '내가 끼칠 수 있는 영향력이 얼마나 되겠는가?' 다만 분명한 것은 하나다.

나는 코칭이 좋다. 좋아서, 깨어 있는 시간 대부분을 코칭에 대해 생각하며 산다.

'왜 이 질문은 작동하지 않았을까?'

'이 침묵은 기다렸어야 했을까?'

'나는 정말 고객의 삶 앞에서 겸손했을까?'

이런 질문들을 스스로에게 던지며 하루를 보낸다. 이 책은 그 질문들에 대한 정답을 정리한 기록이 아니다. 오히려 여전히 풀리지 않은 질문들과 고민하다가 잠시 멈춰 선 지점들, 그리고 다시 방향을 잡기까지의 흔적을 솔직하게 남긴 기록에 가깝다. 나는 이 책을 통해 코칭을 더 잘하게 만드는 법을 말하고 싶지 않았다. 대신, 코칭을 함부로 단순화하지 않았으면 좋겠다는 마음이 컸다.

질문 몇 개, 기술 몇 가지로 설명될 수 없는 것이 코칭이고, 한두 번의 통찰로 인생이 바뀌는 일은 거의 없다는 사실을 현장에서 수없이 목격해왔기 때문이다. 코칭은 늘 사람의 삶 한가운데에 있다.

그래서 조심스러워야 하고, 그래서 더 겸손해야 한다. 고객의 말 한 마디, 침묵 하나, 눈빛 하나 앞에서 코치는 언제든 흔들릴 수 있어야 한다고 나는 믿는다. 흔들리지 않는 코치는 안전해 보일 수는 있어도, 깊어지기는 어렵다.

이 책을 읽으며 어떤 문장은 동의하지 않았을지도 모른다. 어떤 생각은 불편했을 수도 있다. 괜찮다. 오히려 그랬다면 이 책은 제 역할을 한 것이다. 코칭은 생각을 통일하는 일이 아니라, 생각을 깨어 있게 하는 일이기 때문이다.

부디 이 책이 "이렇게 해야 한다"는 답이 아니라 '나는 어떻게 하고 있는가?'를 스스로에게 묻게 하는 계기가 되었기를 바란다. 그리고 혹시 이 책 어딘가에서 '아, 나만 이렇게 고민하는 게 아니었구나!' 물음표가 느낌표로 바뀌면 그 자체로 충분하다. 나는 오늘도 코칭 앞에서 완성되지 않은 코치로 서 있다. 앞으로도 그럴 것이다.

이 책이 끝이 아니라, 또 다른 질문의 시작이 되기를 바란다. 이 긴 고민의 흔적을 끝까지 함께해 주셔서 진심으로 감사드린다.

멍석 코치가 펼쳐주는 진짜 코칭의 세계

펴 낸 날　2026년 4월 17일

지 은 이　　연영주
펴 낸 이　　이기성
기획편집　　권희연, 최인용, 이서은
표지디자인　권희연
책임마케팅　이수영, 김정훈
펴 낸 곳　　도서출판 생각나눔
출판등록　　제 2018-000288호
주　　소　　경기도 고양시 덕양구 청초로 66, 덕은리버워크 B동 1708, 1709호
전　　화　　02-325-5100
팩　　스　　02-325-5101
이 메 일　　bookmain@think-book.com

• 책값은 표지 뒷면에 표기되어 있습니다.
　ISBN　　979-11-7048-121-8(03190)